할배와 손자의
우문현답

장 석 영 수필집

작가의 말

손자와 나눈 이야기가
책이 되는 행복을 위하여

네 번째 수필집을 펴낸다. 이번엔 할배와 손자의 우문현답(愚問賢答)들을 모아 만든 기록이다. 그러니까 손자한테서 배운 대로 써 나간 이야기들이다. 손자 가운데서도 막내 손자가 유치원에 들어가면서부터 중학생이 된 뒤까지 가진 대화들이다.

흔히 수필은 붓 가는 대로 쓰면 된다고 말한다. 아무리 그렇다 해도 무의미한 내용을 적당히 쓴다는 말은 아니다. 그래서 수필을 쓴다는 것은 그리 녹녹한 일이 아니다. 이 우문현답들을 쓸 때도 마찬가지였다.

나는 수필의 소재들을 이번처럼 주변의 소소한 일상에서 찾곤 했다. 그리고는 그 이야기 속에서 비범한 이야기, 즉 인생에 어떤 새로운 해석을 내림으로써 독자들에게 신선한 충격을 줄 수 있도록 노력했다.

 원래 산문(散文)은 작정하고 쓰는데, 그렇다 해도 늘 그렇듯이 글쓰기가 즐겁지 않으면 쓸 수가 없다. 그저 즐거워서 쓰는, 어린이처럼 순수한 마음에서 쓰는 것이다. 그러면 비교적 재미있는 수필이 탄생되는 것 같다.

 항상 생각하는 바이지만, 수필을 쓸 대는 마치 비빔밥 같은 글을 쓰려고도 노력한다. 독자가 한 눈에 읽고 싶은 충동을 느끼게 하려는 것이다. 그런 수필은 제목만 봐도 마치 숭늉 맛 같은 구수한 냄새가 난다.

 이번 작품도 그런 글이 되어야 할 텐데 제대로 됐는지 미리 걱정부터 든다. 할배의 우문(愚問)에 총명한 손자의 현답(賢答) 정도로 이해해 주었으면 한다. 끝으로 이글을 책으로 펴내주신 출판사 관계자 여러분들의 노고에 감사드린다.

2023년 8월 修身齊에서 牙山

| 차 례 |

작가의 말   02
: 손자와 나눈 이야기가 책이 되는 행복을 위하여

제1부   가족이니까

하나 – 효심도 가족력일까?   10
둘 – 가족이니까   15
셋 – 그냥   18
넷 – 말의 성찬   21
다섯 – 행복한 동행   25
여섯 – 기도의 힘   27
일곱 – 손자의 결심   32
여덟 – 부활절과 삶은 달걀   38
아홉 – 값진 생일선물   44

제2부   우리 손자가 달라졌어요

하나 – 목표 있는 삶을 살라   52
둘 – 손자의 나쁜 버릇 고치기   55
셋 – 우리 손자가 달라졌어요   59
넷 – 죽기로 작정하면   63
다섯 – 참나무 같은 사람   66
여섯 – 인생은 곱셈이다   69
일곱 – 구름 같은 인생   73
여덟 – 세상을 보는 손자의 넓은 안목   78
아홉 – 인생의 목적을 위해 전력투구하라   84

| 차 례 |

제3부 꿈이 많은 아이

하나 – 입술에 복이 있는 녀석　　　　88
둘 – 꿈이 많은 아이　　　　91
셋 – 철학자가 된 손자　　　　95
넷 – 유식한 손자　　　　99
다섯 – 10대가 된 막내 손자의 생각　　　　103
여섯 – 손자의 꿈 이야기　　　　109
일곱 – 성공적인 인생　　　　115
여덟 – 생애 최고로 값진 크리스마스 선물　　　　120
아홉 – 손자만의 계산법　　　　126

제4부 소소한 일상의 이야기

하나 – 생각이 깊어가는 손자　　　　136
둘 – 소소한 일상 이야기　　　　141
셋 – 손자의 추석맞이　　　　148
넷 – 어떤 역사탐방　　　　153
다섯 – 손자의 특별한 어린이날　　　　159
여섯 – 행복한 귀성길　　　　164
일곱 – 한층 성숙해진 손자　　　　168
여덟 – 내 더위 사가라　　　　174
아홉 – 설은 즐거워　　　　181

제5부　너의 소원은 무엇이냐?

하나 – 빨리 나이 들고 싶은 손자	188
둘 – 제대로 한 봄맞이	194
셋 – 너의 소원이 무엇이냐?	197
넷 – 약속	202
다섯 – 할아버지 보호자를 자처하는 손자	205
여섯 – 세상일에 관심 갖는 손자	209
일곱 – 덕불고필유린(德不孤必有隣)	214
여덟 – 그건 공평하지 않잖아요!!	219
아홉 – 마음이 넓어진 손자	225

제6부　아름다운 대화에서 오는 즐거움

하나 – 천성이 효성 덩어리인 손자	230
둘 – '자유'의 소중함을 일깨워준 손자	235
셋 – 추석에 손자에게 들려준 '조율이시'의 의미	240
넷 – 아름다운 대화에서 오는 즐거움	246
다섯 – 나라꽃 무궁화를 가꾸며	250
여섯 – 내 인생의 적은 누구일까?	256
일곱 – 이웃을 배려할 줄 아는 손자	259
여덟 – '장태공' 탄생	265
아홉 – 1009번째 도전 끝에 성공한 할아버지	274

제1부
가족이니까

하나.
효심도 가족력일까?

요즘 7살짜리 막내 손자가 하는 말에서 '효심도 가족력일까' 하는 생각이 부쩍 든다. 다음은 최근에 있었던 손자의 언행에 대해 며느리가 주일 저녁 우리 내외에게 들려준 이야기들이다.

얼마 전의 일이었다 한다. 제 남편이 회사로 업무협의차 찾아온 여성인사들과 기념사진을 찍고 그 사진들을 핸드폰에 저장했다가 제 아들에게 보여준 모양이다. 사진들을 본 손자는 대뜸 부엌에서 일하고 있는 제 엄마한테로 쏜살같이 달려오더니 잔뜩 화가 난 얼굴로 이렇게 말하더란다.

"엄마!"

"왜 그러니?"

"아빠 나쁜 사람이야!"

"그게 무슨 소리냐?"

"아빠가 다른 여자들과 사진 찍었어! 왜 엄마하고만 찍어야지 다른 여자와 찍어! 그것도 좋아서 웃으면서 말이야!"

"그래? 엄마가 한 번 알아볼게."

그리고는 남편한테 알아보니 회사와 전속계약을 맺은 뮤지컬 관계자들과의 사진이었다. 며느리는 전후 사정을 아들에게 설명하느라 한동안 애를 먹었다면서 효자 아들 두어서 기분은 좋더라고 했다.

오늘 오후였다고 했다. 교회에 다녀온 애들 아빠가 잠시 낮잠을 자고 있었던 모양이다. 그런데 집에서 키우는 '준'이라는 애완견이 갑자기 무슨 이유인지 짖어대기 시작했단다. 그 때 제 방에서 놀고 있던 손자가 거실로 뛰어나오더니 강아지를 향해 아주 낮은 목소리를 일갈하더란다.

"쉿! 조용히 해! 아빠가 주무시고 계시 단 말 야! 아빠는 우리 식구들을 먹여 살리느라고 지금 피곤 하시단 말야!"

그래도 강아지가 짖어대니까 녀석은 최후통첩을 내렸단다.

"준! 너! 계속 짖어대면 외할머니한테 보내버릴 거야!"

손자 녀석의 엄포(?)에 강아지는 신기하게도 제집으로 들어가 짖기를 멈추더란다.

지난주엔 할머니 할아버지에 대한 손자의 효심도 대단함이 입증됐다. 내가 서재에서 글을 쓰고 있는데 할머니와 TV를 보고 있던 녀석이 들어오더니 갑자기 할아버지 나이가 얼마냐고 묻는다.

나는 새해가 돼서 74살이 됐다고 말해주었다. 다음은 녀석과의 대화다.

"그래요? 그럼 아직 멀었네요."

"뭐가 말이냐?"

"앞으로 사실 날이요."

"어째서?"

"100살까지 살잖아요?"

"100살까지 산다는 말은 어디서 들었느냐?"

"아빠가 그러는데 할아버지 할머니가 100살까지 사셔야 하니까 할머니 할아버지 말씀 잘 들어야 한다고 말했어요."

기분이 좋았다. 그래서 방에서 나가려는 녀석을 붙들고 재차 물었다.

"네 아빠가 정말 그렇게 말했느냐?"

"아이, 할아버지도 아빠가 그랬으니까 내가 알지."

"허허. 그랬었구나."

"이제 됐지?" 하면서 녀석은 거실로 뛰어나간다.

엊그제는 태권도장으로 손자를 데리러 갔더니 녀석이 집으로 올 생각은 않고 질문부터 한다.

"오늘도 닭강정이 있겠지?"

"그럼, 닭강정은 할머니가 준비하셨고, 할아버지는 윤준이가 좋아하는 솜사탕을 사다가 놨단다."

"할아버지 할머니 고맙습니다."

녀석은 깍듯이 예의를 차린다. 집에 도착한 녀석은 목욕을 하고 식탁에 앉자마자 할머니에게 다시 감사 표시를 한다.

"할머니!"

"왜?"

"닭강정 만드느라 고생하셨어요."

"그래?. 고맙다. 어서 먹어라."

"할아버지도 수고했어요."

"뭘 그러느냐?"

"멀리 가서 솜사탕 사 오셨잖아요."

"그래. 고맙다. 그런데 네가 이 할아버지와 할머니를 좋아하기는 하는 것이냐?"

"그건 말할 수 없어요."

"어째서?"

"그건 개인정보니까요?"

"뭐? 개인정보? 하하하~ 개인정보가 뭔지 네가 알기는 아느냐?"

"네, 사생활 이예요. 그래서 말할 수 없어요"

"말할 수 없다는 것을 보니 안 좋아 하는가 보다"

"아니예요, 좋아해요. 흐흐흐"

"개인정보인데 그렇게 말해도 되는 것이냐?"

"가족인데요, 뭐!"

우리 부부는 오래만에 한바탕 크게 웃었다.

둘.
가족이니까

즐거운 성탄절이다. 예수님이 이 땅에 평화의 왕으로 오신 날, 이 어찌 기쁘고 즐겁지 않은가. 우리 집에도 일찍이 크리스마스트리가 세워졌고, 7살짜리 막내 손자는 연일 여기 저기서 들어오는 크리스마스 선물에 싱글벙글 한다.

특별히 녀석은 유치원에서 산타할아버지로부터 받은 멋진 장난감에 "기분이 짱"이라고 한다. 그래서 내가 물었습니다.

"산타할아버지가 왜 이렇게 좋은 선물을 주셨을까?"

"응, 그건 내가 선생님 말씀도 잘 듣고 친구들과도 사이좋게 지냈다고 주신거래."

"그랬구나, 참 좋은 할아버지구나"

"아니야, 아무리 그래도 난 우리 할아버지가 더 좋아"

"뭐? 그게 정말이냐? 어째서 그런 것이냐?"

"응, 그건 할아버지와 나는 가족이니까 그렇지"

엊그제 있었던 일이다. 내가 시내서 오찬 모임이 있어 잠간 나간 사이 아내가 태권도장에서 돌아오는 손자를 나 대신 마중을 나갔던 모양이다. 그런데 그날 버스에서 내린 손자가 할머니를 보자마자 얼른 뛰어와 안기면서 "할머니~, 내가 할머니를 얼마나 보고 싶어 했는지 알아?"라고 하더란다. 이에 할머니는 손자를 껴안으면서 "그랬니? 왜 그렇게 할머니가 보고 싶었나요?"라고 하니까 녀석은 "할머니는 가족이잖아요"라고 대답하더라는 것이다. 이 말을 전하면서 아내는 나에게 "피가 물보다 진하긴 진한 모양"이라며 기뻐했다.

얼마 전엔 이런 일도 있었다. 유치원에서 돌아온 손자가 갑자기 가방을 뒤지더니 자그만 나침반 하나를 꺼내 나에게 전해주면서 하는 말이 "할아버지, 이게 뭔지 알지?" 라고 묻는 게 아닌가. 그래서 내가 말했다.

"그래, 그건 나침반이 아니냐? 동서남북의 방향을 가리키는... 그런데 그게 어디서 난 것이냐? 네가 샀느냐?"고 물으니 친구가 주었다고 했다.

나는 "그러면 네가 가지고 놀아라"하고 말했더니 녀석의 다음 말이 나를 감동케 했다.

"나침반은 할아버지가 형을 찾는데 쓰세요. 왜 전에 할아버지 형이 적군들과 싸우다가 돌아가셨는데 어디 계신지 모르겠다면서 빨리 찾고 싶다고 하셨잖아요. 그러니 이걸 가지고 찾아보세요."

"아니 네가 그걸 어떻게?"

"내 친구가 나침반을 가지고 있기에 우리 할아버지가 형을 찾는 데 쓰면 좋겠다고 했더니 친구가 그냥 가지라고 했어요. 그러니 할아버지가 가지고 있다가 형을 찾는 데 쓰세요." 라고 했다. 나는 잠시 할 말을 잊은 채 녀석을 바라보고만 있었다.

사연은 이렇다. 이달 초였다. 6. 25동란 때 전사한 형님의 유해를 발굴했다는 소식이 해가 다 가도록 없자 올해도 그냥 넘어가는 게 안타까워 아들과 이야기를 한 일이 있었다. 그 때 나는 나중에 내가 저세상에 간 뒤에라도 군에서 형님의 유해를 찾게 되어 연락이 오면 현충원에 잘 모셔야 한다고 아들에게 당부했었다. 아마 그 때 우리 부자가 나누는 이야기들을 손자가 옆에서 귀담아 들어두었던 모양이다.

나는 손자가 진심으로 고마웠다.

"고맙다. 윤준아! 아니 어떻게 네가 그런 생각을 다 했니. 기특하구나. 이제 우리 손자가 다 컸구나."

나의 거듭되는 칭찬에 녀석의 대답은 간단하면서도 명료했다.

"할아버지, 왜 그렇게 놀라세요? 우린 가족이잖아요."

아마도 이번 성탄절은 가족의 소중함을 일깨워주는 날이 된 것 같다. 이 모두 주님의 은총이다.

셋.
그냥

지난 봄방학 동안 막내손자가 연일 우리 집에 머물면서 지냈다. 그런데 방학이 끝났는데도 녀석은 집으로 돌아갈 생각을 안 하는 것 같았다. 방학이 끝나는 날 녀석은 나에게 "계속해서 할아버지 집에서 학교에 다니면 안 되겠느냐"고 물어왔다. 내가 "개학이 되면 집에서 학교에 다니는 게 좋다"고 했으나 점점 때 아닌 떼를 쓴다. 그래서 알아듣게 설득하기에 애를 먹었다.

나중엔 제 엄마와 타협하기를 종전처럼 개학 후에도 매주 금요일 저녁은 할머니와 함께 자고 토요일엔 학교에 안 가니 오후에 제집으로 가는 것으로 결론지었다고 한다.

아이를 달래는 과정에서 내가 물었다.

"윤준아, 할머니와 자는 게 어째서 그렇게 좋으냐?"

대답은 간단했다. "그냥"이었다. 다시 물었다.

"너는 할머니가 차려주는 밥이 매번 맛있다고 하던 데 왜 그러는 거니?" 역시 대답은 한가지였다. "그냥"이었다. 녀석은 그밖에도 할머니 집에서 생활하는 것에 대해 이모저모로 물어봐도 대답은 늘 "그냥"이었다.

  내가 다시 말을 걸었다.

  "윤준아, 현재 활동하는 시인 중에 제목이 '그냥'이라는 짧은 시를 지었는데 할아버지도 그 시가 그렇게 좋더라"

  "그래요? 그 시 좀 알려주세요." 그래서 낭송해 주었다.

  "그냥. 문삼석, //엄만/ 내가 왜 좋아/ 그냥 //넌 왜/ 엄마가 좋아/ 그냥//"

  녀석이 가만히 듣고 있더니 자기도 단시를 하나 짓겠다고 했다.

  녀석이 지은 단시를 듣고는 크게 놀랐다. 멋진 단시 였기때문이다. 그 단시는 다음과 같다.

  "똑같지. 장윤준. //엄만/ 누가 더 좋아/누나와 나중에/ 똑같지//넌/ 누가 더 좋아/아빠와 얼마 중에/똑같지//"

  녀석의 응용력이 매우 뛰어나다고 생각했다.

  '그냥'이라는 말의 의미가 무엇인가? 녀석은 이미 그 의미를 알고 있는 것 같았다. 그렇다. '그냥'이란 말은 원인이 있지만, 그 원인이 아주 불분명할 때 쓰는 말이다. 마치 예술행위 가운데 행위예술처럼 즉흥적이기까지 하다. 예컨대 어느 날 불쑥 찾아온 친구에게 "어떻게 왔니?" 라고 물으면 "그냥 왔어"라고 대답한다든가, 한

동안 소식이 뜸했던 친구가 불쑥 전화를 걸고는 "그냥 걸었어!"라고 하는 것과 같다.

  이처럼 '그냥'이라는 말 속에는 아무 목적도 없다. '무엇을 위해'라는 정확한 이유도 없다. 그러나 이 '그냥'이라는 말에서는 유유자적하고 허물없고 단순하며 그러면서 따스한 정이 흐르는 것을 느낄 수 있다.

  그런데 우리는 '그냥'이라는 말이 가지는 정감을 때때로 잊고 사는 것 같다. 그냥 보고 싶은 친구를 찾아가 보고, 그냥 듣고 싶은 목소리는 전화를 걸어 들으면 되는데, 그렇게 하지 못한다. 요즘처럼 봄이 되면 괜히 마음이 싱숭생숭해서 그냥 가보고 싶은 곳도 많을 것이다. 유채꽃이 만발해 어서 오라고 손짓하거나 산수유가 노란 꽃을 피우고 있는 곳도 그냥 가보고 싶을 것이다. 그런데도 바쁘다는 핑계로 그를 실천하지 못하는 경우가 많다.

  그냥 만나고 싶은 친구가 있으면 찾아가서 만나자. 복잡한 현대를 사는 우리들에게는 그런 여유로운 삶이 필요하다. 시간이 바쁘면 전화 한 통이나 문자 메시지로 '그냥' 안부를 물어보는 것도 좋을 듯하다. 거기엔 손자 녀석의 생각처럼 굳이 이유가 있을 수 없다. 녀석이 할머니와 함께 머물고 싶어 하는 것은 '그냥' 할머니가 좋아서일 게다.

넷.
말의 성찬

요즘 손자의 말솜씨가 부쩍 늘어만 가는 것 같다. 말 한 마디에 천 냥 빚을 갚는다는 속담도 있지만 녀석의 말솜씨가 속담을 능가한다. 매 번 보지만 녀석은 그 때 그 때 아주 적절한 말솜씨를 보여줌으로써 우리 내외에게 진 빚(?)을 일거에 갚아버리곤 한다. 오늘도 녀석의 말의 성찬은 이어졌다.

태권도 수업이 끝나고 집으로 같이 오던 녀석은 갑자기 가던 길을 멈추더니 나에게 이렇게 묻는다.

"할아버지"

"왜 그러느냐?"

"할머니가 오늘 저녁 반찬은 무엇을 준비했을까요?"

"글쎄다. 아까 보니까 돈가스를 만들고 쌀로 만든 피자도 사다 놓는 것 같더라, 왜, 배가 고프냐?"

"아니. 그런데 할아버지, 할머니가 나 때문에 또 고생을 하시네요."

"하하하~ 할머니가 너를 위해 고생하시는 것을 네가 안단 말이냐?"

"그럼요. 알아요."

집에 도착한 녀석은 현관문에 들어서자마자 부엌으로 달려가더니 "할머니, 감사합니다!" 하고 착 달라붙는다. 그 말에 할머니는 입이 귀까지 올라가고 손자를 감싸 안더니 놓을 줄을 모른다. 저녁을 먹고 TV를 보던 녀석은 연속극에서 우는 장면이 나오니까 "눈물이 비가 되었네!" 하고 명언을 한 마디 던진다.

그러다가 퀴즈를 하자면서 "호랑이보다 더 힘센 것은?" 하고 묻는다. 내가 "그야. 용이지"라고 하자 "그러면 용보다 더 센 것은?" 하고 이어 묻는다. 내가 대답을 못하고 머뭇거리자 녀석은 회심의 웃음을 지어 보이면서 "할아버지가 모르시네, 그건 하나님이지요."라고 한다.

잠시 후 할머니가 손자에게 과일을 가져다주겠다며 앉아있던 소파에서 일어나면서 무릎을 붙잡고 아픈 표정을 보이자 가만히 지켜보던 녀석이 한마디 한다.

"우리 집은 할머니 다리가 문제구나!" 그러더니 녀석은 벌떡 일어나서 할머니한테 다가가더니 저에게 업히라고 한다. 순간 가슴이 찡해진다.

어제는 내가 칼질을 하다가 그만 오른손 엄지를 베었다. 그래서 녀석의 목욕을 도와주지 못하게 되자 대신 아내가 손자를 목욕시키게 되었다. 나는 미리 손자에게 전후 사정을 설명해주었더니 녀석이 이렇게 말한다.

"우리 할머니는 다리가 아픈데도 목욕을 시켜 주시네요. 할머니 고맙습니다."

얼마 전엔 녀석이 장염 증세로 대학병원에 입원하게 되었다. 연락을 받은 우리 내외는 단숨에 달려갔다. 걱정하는 눈으로 바라보는 우리에게 녀석은 정말로 어른스럽게 말한다.

"할아버지, 할머니, 죄송해요. 걱정하시게 해서요." 그러면서 주사를 맞을 때도 아팠지만 꾹 참았다고 활짝 웃으면서 자랑한다. 나는 하도 대견해서 지하 매점으로 달려가 장난감을 한 아름 사서 갖다 주었다.

엊그제 일요일에는 며느리가 미장원에 가면서 손자를 데리고 갔다가 파마를 해 준 모양이다. 그날 저녁 녀석이 왔기에 보니 고슬머리가 되어있었다. 나는 집안으로 들어서는 손자를 보고 대뜸 "그게 뭐냐? 여자아이같이!"라고 하면서 탐탁지 않은 듯이 말을 했다. 그랬더니 녀석은 천연덕스럽게 너스레를 떤다.

"할아버지. 나 남자예요. 할아버지 손녀가 아니고 손자라고요. 이 머리 예쁘잖아요?" 하면서 달려와서 안긴다. 그 말에 나도 할머니도 한바탕 웃었다.

"그래, 아무려면 어떻겠느냐. 건강하게 지혜롭게 무럭무럭 잘 자라만 다오."

다섯.
행복한 동행

 어제저녁 구몬 학습을 지도하기 전에 초등학생인 막내 손자에게 들려준 이야기이다. 요즈음 녀석이 친구들을 배려하는 마음이 부족한 것 같아서였다. 많은 것을 가졌지만, 결코 행복 하지않은 왕이 있었다.

 어느 날 왕은 스승님을 찾아가 행복해질 수 있는 방법을 물었다. 왕의 고민을 들은 노스승이 이렇게 말했다.

 "세상에서 가장 행복한 자의 옷을 입으시면 됩니다."

 다음 날 왕은 세상에서 가장 행복한 자의 옷을 가져오라는 방을 나라 곳곳에 붙였다. 그러나 그 누구도 자신이 가장 행복한 사람이라고 나서는 이가 없었다.

 기다리다 못한 왕이 홀로 짐을 꾸려 찾아 나섰지만, 어느 곳에서도 행복을 자처하는 사람을 만날 수가 없었다. 칠흑 같은 어둠 속에서 잠을 청하던 어느 날, 왕은 멀지 않은 곳에서 들려오는 아름다운 피리 소리에 잠이 깼다.

왕은 소리가 나는 쪽으로 다가가 피리 부는 사람에게 물었다.

"너무도 아름다운 피리 소리입니다. 무척 행복하게 들리는데, 당신 마음도 그 연주처럼 행복한가요?"

그러자 피리 불던 사내가 말했다.

"그럼요. 나는 세상에서 가장 행복한 사람이거든요."

"아, 그렇군요. 그럼 당신의 옷을 내게 파시지요. 돈은 얼마든지 드리리다."

왕이 기쁨에 겨워 말했지만, 돌아온 대답은 의외였다.

"나는 당신에게 줄 옷이 없어요. 어두워서 보이지는 않겠지만, 나는 지금 아무 것도 입고 있지 않아요. 어제 지나가던 불쌍한 거지에게 마지막 남은 옷을 적선하고 말았답니다."

왕은 그제야 스승님이 말한 '행복해지는 옷'이 무엇인지 알게 되었다. 행복은 무엇을 소유하는 것이 아니라 자기가 가진 것을 남과 함께 나눌 수 있는 나눔의 기쁨이었다.

왕궁으로 돌아간 왕은 그동안 쌓아두었던 재산을 풀어 가난한 백성을 구제했다. 그리고 진정으로 행복해졌다. 이야기를 다 듣고 난 손자는 내일 당장 친구에게 집에 있는 과자를 가져다 줘야겠다고 했다. 느낀 바가 있었던 것 같다. 오늘도 나의 손자 학습은 성공했다.

여섯.
기도의 힘

엊그제 저녁때였다. 태권도장에서 훈련을 마치고 집으로 오던 손자가 혼잣말처럼 나에게 말을 건넨다.

"나도 역사적으로 훌륭한 사람이 되고 싶어요. 그래서 훗날 내 이름이 위인전에 올랐으면 해요."

내가 물었다.

"아니, 왜 갑자기 그런 생각을 하게 됐느냐?"

"응. 할아버지가 사다 준 위인전을 읽어보면서 그런 생각을 해봤어요."

"그랬구나. 그래서 앞으로 어떻게 할 건데?"

"위인이 되려면 먼저 위인전을 모두 읽어봐야겠어요. 내가 위인이 된다면 가문의 영광이 아니겠어요?"

"그렇지, 네 말이 하나도 틀린 게 없구나."

녀석은 집에 돌아와 저녁을 먹더니 서재로 들어가 어제 읽다가

덮어 둔 위인전을 펴서 다시 읽기 시작했다. '태조 이성계'를 읽던 녀석이 나에게 말했다.

"할아버지, 태조 이성계의 옷이 왜 파란색인지 아세요? 파란 색은 시작과 희망의 색이거든요. 다른 임금들의 옷은 모두 황금색인데 그래서 태조만 파란색옷을 입은 거래요."

이야기 끝에 나는 녀석에게 오는 토요일에 할머니와 함께 천안 큰 할아버지 댁에 다녀오려고 하는데 같이 가지 않겠느냐고 물었다. 녀석은 나의 제안이 떨어지자마자 무슨 일로 가시느냐고 물었다. 내가 너의 증조할아버지의 기일이라 간다고 일러 주었습니다. 녀석의 대답은 나를 감탄하게 했다.

"증조부님 기일인데 후손으로서 당연히 가야지요. 후손이 돼서 조상을 모른 척하면 안 되잖아요?"

내가 물었다.

"왜 그렇게 생각하느냐?"

"그분이 안 계셨으면 제가 이 세상에 태어났겠어요?"

녀석은 당연한 것을 가지고 왜 그러느냐는 투였다. 옆에서 지켜보던 아내가 "장씨 집안에 효손 한 명 나왔구나." 하면서 녀석을 마음껏 칭찬해 주었다.

며칠 전에는 태권도장에서 집으로 오는 길인데 녀석이 갑자기 가던 발길을 멈추더니 하늘을 올려다보면서 '왜 달이 저렇게 흐리나'

고 물어왔다.

"그건 말이다. 달무리가 져서 그렇단다. 달무리는 달 언저리에 생기는 둥근 고리 같은 건데 어려운 말로는 '월훈' 이라고 부른단다. 그런데 해 주변에 저런 게 생기면 '햇무리'라고 하지." 그러자 녀석은 대뜸 "그러면 내일은 비가 오겠군!" 한다.

나는 깜짝 놀라서 "네가 어떻게 그걸 아느냐?"고 물었더니 "물이 (무리를 잘못 들었나보다)는 곧 물이 아니예요? 그러니까 비가 온다는 뜻이지요." 엉뚱한 비약이지만 그 추리가 대견스러웠다. 그래서 다시 설명해 주었다.

"물이 아니고 무리란다. 예로부터 달무리 한 지 사흘이면 비가 온다는 속담이 있단다. 네 말대로 머지않아 비가 올 것 같구나"

이 말이 끝나자 녀석은 그날 학교에서 있었던 돌발사고에 대한 이야기를 들려주었다.

"오늘 학교에서 하마터면 큰일 날 뻔했어요. 글쎄, 내가 계단을 내려오고 있는데 뒤에서 장난꾸러기 한 친구가 나를 밀쳐서 몇 계단을 굴렀지 뭐예요." 나는 깜짝 놀라서 물어보았다.

"뭐야? 아니 그런 일이 있었어? 그래서 다친 데는 없고? 왜 진작 말하지 않았어?"

나는 숨이 넘어갈 듯이 속사포로 질문을 쏟아냈다.

그러는 나를 녀석은 '할아버지가 왜 그렇게 놀라느냐'는 눈으로 물끄러미 바라보면서 "아무 데도 다친 데가 없으니 걱정하지 마시라"고 한다. 그러면서 다음과 같이 사건을 종결했다.

"아무 데도 상처를 입지 않은 건 순전히 할아버지와 할머니의 기도 덕분인 것 같아요. 두 분이 매일 기도하시는 걸 들었어요. '우리 손자 건강하고 지혜롭게 자라도록 해 주세요'라 고요."

그리고는 놀랍게도 안 다친 건 바로 '기도의 힘'이라고 정의를 내렸다.

집으로 오는 길에 녀석은 일부러 낙엽이 쌓여 있는 곳으로 가더니 낙엽을 밟아보면서 "가을이 되면 생각나는 게 있다"고 말했다. 녀석이 하는 거동을 가만히 바라보면서 뒤따라가는데 갑자기 가던 길을 멈추고 뒤를 돌아보면서 "할아버지는 가을이 오는 것을 무얼 보고 아느냐?"고 묻는다. "글쎄다. 여러 가지가 있다만은 아무래도 귀뚜라미 노래소리를 듣고 가을이 오는구나 생각하지 않을까?"

그리고 내가 물었다.

"그럼 너는 어떤 것을 보고 가을이 오는 것을 아느냐?"

"응, 나는 가을의 소리, 가을의 맛, 가을의 색으로 알아요."

"그렇구나. 그런데 그게 다 뭔데?"

"가을의 소리는 바람 부는 소리, 귀뚜라미 우는 소리, 낙엽 밟는 소리이고, 가을의 맛은 아삭아삭하는 사과의 맛, 달콤한 홍시의 맛이고, 가을의 색은 붉은 단풍잎의 색, 노란 은행잎의 색, 하늘거리는 코스모스의 분홍색으로 알지요."

"아, 그렇구나, 네가 할아버지 보다 더 시적 감성이 풍부하구나."

"할아버지, 오늘 학교에서 시 짓기가 있었거든요."

"그랬느냐? 그래서 너도 시를 지었느냐?"

"그럼요. 내가 누구 손잔데요. 한 번 암송 할 테니 들어보실래요?"

"암, 그럼, 들어야지, 어서 암송해 보거라."

"제목, 도토리와 밤, 지은이 장윤준, //도토리와 밤이 떼그루루 굴러 갑니다/다람쥐가 나타나 도토리를 먹으려 하자/밤이 가시로 다람쥐를 찌르고/ 도토리와 밤은 얼른 달아납니다/ 도토리는 결국 도토리묵이 되고/ 밤은 구은 밤이 되어/사람들에게 먹을거리가 됩니다/ 도토리와 밤은 진짜 친구였어요// 이 또한 '기도의 힘'인 것 같습니다."

일곱.
손자의 결심

    오늘은 손자 녀석이 어디서 무슨 말을 들었는지 철학적인 질문을 해댄다.
  "할아버지, 지금 지구의 종말이 온다면 할아버지는 무엇을 하실 거에요?"
  "뭐? 지구의 종말? 그렇다면 나는 기도를 할 것이다."
  "무슨 내용으로 기도를 하실 건데요?"
  "아마도 지구의 종말을 막아달라고 하겠지. 그런데 왜 그런 것을 묻는 거니?"
  "응, 그냥 궁금해서요."
  "그냥 한 말이 아닌 것 같은데, 그런 이야기는 누구로 부터 들은 것이냐?"
  "교회 선생님으로 부터 들었어요. 선생님이 그러는데 어떤 철학자가 지구가 멸망하더라도 자기는 사과나무를 심는다고 했다고 했어요."

"그러면 너는 지구의 종말이 온다면 무얼 하겠느냐?"

"저도 할아버지처럼 종말이 오지 말라고 기도할거예요."

"그런데 할아버지 사과나무를 심겠다고 한 철학자는 누구예요?"

"누가 그런 말을 했는지는 알려주지 않았구나. 그럼 이제부터 할아버지가 누가 그런 말을 했고 왜 그랬는지 알려줄 테니 잘 듣거라"

"네"

"그런 말을 한 사람은 지금으로부터 400여 년 전에 네덜란드의 철학자인 스피노자라는 분이었단다. 그는 머리가 아주 총명해서 15살 때 유대학교에 들어갔다고 한다. 그러나 구약성경을 읽다가 자신이 해결할 수 없는 모순과 문제를 발견하고 신앙을 의심했고, 그로 인해 유대학교에서 퇴학을 당했다. 그리고 어렵게 살다가 폐병으로 44살에 죽었단다."

"그의 명언을 생각하면 우리는 늘 긍정적인 생각을 가지고 인생길을 열정적으로 살아가야겠다는 생각을 하게 된다."

"그런데 할아버지, 왜 하필이면 사과나무를 심겠다고 했을까요?"

"응, 그건 말이다. 유대인들은 사과나무가 바로 인생의 꿈과 희망이라고 생각했기 때문이란다. 아무리 절박한 상황에서도 꿈을 가지고 있겠다는 말이지. 내일 나의 삶이 끝난다 할지라도 오늘은 내가 해야 할 일에 대해서 최선을 다하겠다는 말이란다. 다시 말해서 삶의 마지막 순간 까지도 미래를 위해 꿈과 희망의 상징 나무인 사과나무를 심겠다는 의지를 표현한 것이지."

나는 예를 들어 더 설명을 해주었다.

"너에 대해서 이야기를 한 번 해보자꾸나. 너는 얼마 전에 국기원에 가서 태권도 승단시험을 봐서 1품을 얻었지 않니?"

"그랬지요"

"바로 그거란다. 너는 승단시험을 보기 전에 땀을 흘리면서 힘들어했지, 그러면서도 희망과 꿈을 버리지 않고 열심히 훈련을 한 끝에 성공한 것이지. 또 학원에서 숙제를 내주면 분량이 많다고 투덜거리다가도 결국은 모두 완결을 하곤 했지. 그건 장래의 꿈과 희망을 품었기 때문이란다."

"그러면 스피노자가 한 말을 늘 좌우명으로 삼아 어려운 일이 닥쳐도 해내는 정신을 길러야 겠네요."

"물론이지, 그래야 나중에 사회가 필요로 하는 인물이 되는 것이란다. 알겠느냐?"

" 네, 잘 알겠어요. 지구가 멸망해도 사과나무를 심는 정신을 잊지않겠어요."

그리고는 녀석은 수학책을 들고 내 서재로 가더니 열심히 수학문제를 풀었다.

엊그제 녀석은 강원도 강릉의 어느 농촌체험마을로 학교에서 마련한 1박2일 코스의 수학여행을 다녀왔다. 학교의 학생 수가 적으니까 4.5.6 학년을 다 합해서 버스 두 대로 갔다 왔다고 한다.

다음날 우리 집에 온 녀석은 경험담을 자랑삼아 설명하는데 신이 나는 모양이다. 내가 물어봤다.

"그래 수학여행은 재미가 있었느냐?"

"그럼요. 낮에는 밭에 나가서 고구마도 캤고요. 장작도 패봤어요. 그리고 저녁에는 하늘에 총총히 박혀서 빛을 내고 있는 별들을 세기도 하고, 선생님으로부터 우주에 관한 이야기도 들었어요."

아마도 이번 수학여행에서 녀석은 매우 유익한 체험들을 한 것 같았다.

그러면서 우리들이 서울에서 청정식품을 사먹을 수 있는 것은 농촌에 계신 분들이 수고해서 가능하다는 것을 알았다고 했다.

"그곳은 할아버지 고향처럼 경치가 너무나 아름다웠어요. 공기도 맑고 물도 얼마나 깨끗한지 몰랐어요."

"그런 것을 보고 느낀 점이 없느냐?"

"왜 없어요. 많지요. 농촌생활에 대해 설명해주시는 아저씨로부터 들었는데 '농사는 아무나 짓는 게 아니라'고 했어요. 얼마나 식물들이 예민한지 온갖 정성을 다해 가꿔야 풍년을 맞을 수 있다고 했어요."

내가 넌지시 물었다.

"너는 시골에 가서 농사를 지으면서 살아보겠다는 생각을 해보지 않았느냐?"

녀석이 한 참을 머뭇거리다가 대답한다.

"저는 안 될 것 같아요. 아저씨 말이 요즘은 아무리 기계로 농사를 짓는다고 해도 사람 손이 안 가면 안 되기 때문에 힘이 들어서 도회지 사람들은 농사를 지을 수 없다고 했어요. 그래서 결심했어요. 그 분들이 고생하시는 것을 알아주고 나중에 커서 그 분들에게 꿈과 희망을 주는 일을 하겠다고요."

녀석이 말하는 자세가 내가 놀랄 정도로 진지해 보였다.

"그랬구나, 그래서 예로부터 농사짓는 일을 '천하지대본(天下之大本)'이라고 했단다."

"농사 대본이란 의미가 뭔데요?"

"응. 그 농사짓는 것이 이 세상에서 제일 큰 근본이라는 말이지. 그건 말이다. 옛날엔 '사. 농. 공. 상'이라고 해서 요즘 말로 직업을 네 단계로 구분해서 그 사람들의 신분을 평했단다. 그래서 선비를 제일 높게 봐주고, 다음은 농사짓는 것이고, 그 다음은 공업이고, 마지막으로 장사하는 직업을 가진 사람을 가장 낮게 봤단다."

내 설명은 계속 이어졌다.

"물론 그 당시에 공업이라 해봐야 대장간에서 낫이나 호미를 만드는 것이 고작이었고, 상업도 보따리장수부터 옷가지나 생선 등을 사고파는 것이 대부분이었단다. 그런데 농사짓는 것은 우리들의 양식을 대는 것이니까 선비 다음으로 가장 귀한 직업이라고 쳐준 것이지."

녀석이 갑자기 내 말을 끊고는 "우리들이 배우는 사회책에서도 그런 이야기가 나와요."라고 했다. 그리고는 방으로 들어가더니 사회책을 들고 나와서 지금 말한 부분을 찾아 보여주었다.

"그래 네가 이번에 아주 좋은 경험을 하고 돌아왔구나. 농부님들에게 늘 감사하게 생각하고, 그리고 그 분들이 농사를 잘 지어서 잘 살게 해주시는 하나님에게 감사해야 할 것이다."

"네, 알겠어요."

녀석은 앞으로 5학년, 6학년이 됐을 때도 수학여행을 가면 열심히 배우고 돌아와야 하겠다고 말했다.

여덟.
부활절과 삶은 달걀

   부활절 주일 아침이었다. 우리 내외는 노인이라 교회의 결정에 따라 집에서 온라인으로 예배를 드렸다. 그런데 막내 손자는 교회에 가서 어린이 시간에 예배를 드린 모양이다. 그리고는 예배 후 받은 삶은 계란을 먹지 않고 할아버지 할머니에게 드리고 싶다며 제집으로 안 가고 곧바로 우리 집으로 왔다. 녀석의 생각이 기특해서 점심을 중국집에 가서 자장면과 탕수육을 시켜줬다. 식사하는 중에 당연히 부활절에 대한 이야기가 이어졌다.

   나는 손자에게 신약만 들어있는 미니 성경을 하나 준비해 두었다가 식사 전에 '부활절 기념선물'이라며 건네주었다. 손자가 감사하다는 말을 몇 번씩 하면서 소중하게 받기에 하나님께 감사드리라고 말하고는 먼저 요한복음 11장 25절부터 26절을 읽어보라고 했다.

   "예수께서 이르시되 나는 부활이요 생명이니 나를 믿는 자는 죽어도 살겠고 무릇 살아서 나를 믿는 자는 영원히 죽지 아니하리니 이것을 네가 믿느냐."

손자는 오늘 교회에서도 이 성경 구절을 읽었다고 했다. 그러면서 선생님이 "믿느냐"고 하시어 "네" 하고 큰 소리로 대답했다고 했다. 나는 녀석에게 다시 베드로전서 1장 3절을 읽어보라고 했다.

"우리 주 예수 그리스도의 아버지 하나님을 찬송하리로다 그의 많으신 긍휼대로 예수그리스도를 죽은 자 가운데서 부활하게 하심으로 말미암아 우리를 거듭나게 하사 산 소망이 있게 하시며"

손자가 다 읽기에 이 성경 구절은 오늘 새벽에 담임목사님께서 메시지로 나에게 보내주신 것이라고 설명해주었다.

녀석은 식사가 나오자 감사기도를 드리고 나더니 대뜸 이렇게 묻는다.

"할아버지, 그런데 왜 부활절이면 달걀을 나눠주는 건가요?"

"그게 궁금했구나, 왜 교회에서 선생님께 여쭈어보지 그랬니?"

"지금 갑자기 생각이 나서요. 그리고 할아버지는 박사님이잖아요."

"허허 그 녀석, 할아버지가 박사는 맞는 데 모든 걸 다 안다는 박사가 아니란다. 그냥 전공 분야에서 더 이상 학교에 가지 않고도 혼자서 배울 수 있다는 자격을 얻은 것에 불과한 것이란다. 그래

그럼 내가 아는 대로 조금 설명을 해줄까?"

"오늘은 기독교의 축일인 부활절이다. 예수님이 돌아가신 뒤 3일 만에 살아나신 날이지. 이날 우리 성도들은 달걀을 주고받으며 예수그리스도의 부활을 축하해오곤 한다. 달걀을 보면 겉으로는 죽은 듯 보이지만 그 안에는 생명이 깃들어 있고, 그래서 봄, 풍요, 다산(多産)의 상징이며 부활과도 맥을 같이 한다고 여긴 것 같다."

"그런데 왜 삶은 달걀을 나눠주지요?"

"그 연유는 이런 이야기가 전해온다. 잘 들어 보거라"

"로잘린 이라는 사람이 있었단다. 그 사람은 농토도 많고 큰 저택에서 아내와 아이들과 함께 행복하게 살았다. 가족들은 독실한 기독교 신자였다. 그러던 어느 날 로잘린이 나라의 부름을 받고 십자군에 들어가 전쟁터로 나갔어요. 그런데 그가 집을 떠난 후 얼마 되지 않아 마을은 적군들에 의해 점령당하고 주민들은 모두 쫓겨나게 되었어요. 로잘린 가족들도 하루아침에 재산과 집을 뺏기고 마을에서 쫓겨나 이곳저곳으로 다니며 구걸하는 처지가 되었지"

"그래서요?"

"다행히도 한 마을에 도착하여 어떤 마음씨 고운 농장 주인을 만나 작은 농토와 보금자리를 빌릴 수 있게 되었다. 로잘린 부인은 가족의 생명을 지켜주신 하나님께 감사기도를 드렸단다. 그리고 빌려준 농토에서 정성을 다해 농사를 지었어요.

세월이 한참 지난 뒤 전쟁은 끝났으나 로잘린은 아무런 소식이 없었어요. 어느 해 부활절이었지요. 로잘린 부인은 정성껏 과자를 굽고 그동안 길렀던 닭이 낳은 달걀을 삶았어요. 그리고 이웃 아주머니들과 아이들을 모두 농장으로 초대했어요."

"제가 여러분을 이렇게 초대한 것은 오늘이 예수님께서 무덤에서 다시 살아나신 부활절이기 때문입니다. 이 기쁜 날을 맞아 우리 모두 함께 찬송을 부르고 맛있는 과자와 삶은 계란도 함께 나눠 먹었으면 해요."

로잘인 부인은 오늘 초청하게 된 배경을 설명하고는 삶은 계란을 들어 보이며 그곳에 쓰인 '사랑의 하나님을 의지하라'는 작은 글씨에 대해서도 설명했다.

"이 삶은 계란에 적힌 글씨는 저희집에 오래전부터 전해오는 가훈(家訓)입니다. 먹기 전에 꼭 한 번 읽어보시고 그 의미를 생각하신다면 더욱 좋을 것입니다."

동네 아주머니들과 아이들은 좋아라 하면서 박수를 쳤다.

동네 아주머니들과 아이들이 모두 돌아가고 아무도 없을 때 집 앞에서 서성거리는 낯선 소년 한 명이 부인의 눈에 들어왔다. 로잘린 부인은 얼른 그 소년에게 다가가 삶은 계란 두 개를 쥐어 주었다. 그러면서 부활절 선물이니 맛있게 먹으라고 했다. 소년은 고맙다는 인사를 하고는 고개 너머로 달려갔다.

"이 소년이 고갯길을 넘어 내려오는데 길가에 남루한 군복차림의 병사가 쓰러져 있는 것을 봤어요. 소년은 그냥 지나칠 수가 없어서 병사한테 가까이 가서 조심스럽게 흔들어 봤어요. 그제야 겨우 정신을 차린 병사는 먹을 것을 좀 달라고 애원했어요. 소년은 손에 쥐고 있던 부활절 선물로 받은 삶은 계란을 받아들고 한참 동안 쳐다 보더니 벌떡 일어나면서 말했어요. "아니 이게 어떻게 된 거야! 이 계란 어디서 난거야?" 소년은 겁에 질려 떨리는 목소리로 말했어요. "아저씨 그 계란은 훔치거나 빼앗은 게 아니라 고개 넘어 사시는 아주머니께서 부활절 선물로 저에게 주신 거예요."

병사는 계란에 작은 글씨로 쓴 '사랑의 하나님을 의지하라!'는 구절을 몇 번이고 중얼 거리더니 큰 소리로 외쳤다.

"이건 바로 내가 그토록 찾고 있던 내 아내의 글씨가 틀림없어!"

그리고는 계란을 든 채 쏜살같이 고갯길을 달려 내려갔다. 전쟁이 끝나고 폐허가 된 고향집에 갔으나 사랑하는 아내와 아이들이 사라져버리고 없어서 이곳저곳을 헤매며 찾고있던 중이었다. 그런데 예수님의 부활을 기념하는 선물로 삶은 계란을 어린이들에게 나누어 준 아내 덕분에 다시 가족을 찾을 수 있게 됐던 것이다.

"윤준아! 재미있게 들었느냐?"

"네, 할아버지, 하나님의 기적이 일어났네요."

"그렇단다. 이후부터 해마다 부활절이면 전 세계 그리스도인들은 예수님의 부활을 기념하기 위해 삶은 계란을 사용하게 된 것이란다. 예수님은 우리의 죄를 위해 십자가에 못 박혀 죽으시고 다시 부활 하셨다. 믿는 거지? 이 십자가와 부활의 복음 안에는 마치 로잘린 부인의 부활절 계란처럼 우리를 향한 하나님의 사랑과 기적이 담겨있단다. 우리들도 예수님의 부활을 기념하고 감사드리는 기쁜 부활절이 되도록 하자. 자! 이제 어서 밥을 먹자"

"네, 알겠습니다."

아홉.
값진 생일선물

주말인데 가을비가 추적추적 내린다. 태풍이 남쪽지방을 지나면서 일요일까지 뿌릴 것이라는 기상청의 설명이다. 요즘 들어 기상이변이 워낙 심해 우리나라뿐 아니라 지구촌 곳곳에서 지진이다 해일이다 해서 재난이 그치지 않고 발생한다고 한다. 이번 가을비도 태풍이 몰고 오는 비라서 피해가 얼마나 클지 아직은 모른다. 심히 염려가 되는 일이지만, 그저 큰 피해가 없기만을 바랄 뿐이다.

아침부터 내리는 비는 오후 들어 빗줄기가 점점 굵어지기에 친구와의 오찬을 일찍 끝내고 집으로 들어왔다. 집에 와보니 10살짜리 막내 손자가 먼저 와 있다가 반갑게 맞이한다. 교회 어린이학교에 갔다가 제집으로 안 가고 곧바로 할아버지 집으로 온 것이라고 했다. 제 부모와 누나는 저녁식사시간에 맞춰 온다고 전한다. 할머니가 "오늘은 며칠 뒤 생일을 맞이하는 손자를 위해 맛있는 저녁 식사를 준비했다."고 말하자 옆에 있던 손자가 좋아서 어쩔 줄 몰라 한다.

그 사이 나는 서재로 들어가 엊그제 손자 이름으로 개설한 은행 통장과 인장을 가져다 아이에게 건네주었다. 아이는 한동안 어안이 벙벙한지 아무 말도 못하고 통장을 손으로 꼭 쥔 채 쳐다만 본다. 내가 얼른 손자에게 "할아버지와 할머니가 마련한 네 생일선물이다"라고 말해 주었다. 그때서야 아이는 정신이 드는지 "감사합니다."를 연발한다.

입금된 금액은 얼마 되지 않지만, 생전 처음 제 이름으로 된 통장과 인장을 받아든 아이는 끝내 눈물까지 글썽이며 좋아서 폴짝폴짝 뛴다. 꽤나 감복한 모양이다. 나는 다음날 손자를 데리고 은행에 가서 돈을 입출금하는 방법을 가르쳐주기로 약속했다.

손자는 얼마 전부터 내게 통장을 하나 갖고 싶다는 말을 자주 했었다. 그 이유는 어른들로 부터 용돈을 받으면 모두 엄마가 맡았다 준다면서 가져가고는 다시 돌려주지 않는 게 불만이라 는 것이다. 그래서 이번 손자의 생일에는 통장을 만들어주기로 마음먹고 있었다.

마침 며칠 전 종로 인사동에서 점심 약속이 있어서 나갔던 김에 단골 인장가게에 들러 아이의 인장을 새겨 가지고 돌아왔었다. 그리고 다음 날엔 거래은행으로 가서 통장을 개설할 참이었다.

그런데 그날 저녁 아내가 "이번 손자 생일엔 무언가 뜻 있는 생일 선물을 해주고 싶은데 예쁜 도장을 하나 만들어주면 어떻겠느냐"고 넌지시 물어왔다. 나는 그렇잖아도 이미 오늘 손자의 인장을 새겨왔다면서 내일 은행에 같이 가서 손자의 이름으로 된 통장을 개설해주자고 했다. 그러자 아내는 "어쩌면 당신과 내 생각이 이처럼 똑 같을 수가 있느냐?"면서 "우린 천성 배필 인 모양이라"며 무척 기뻐하는 눈치였다. 그러면서 할머니가 손자에게 주는 용돈이라며 5만 원이라는 거금(?)을 지갑에서 꺼내더니 아이 통장에 넣어주라고 내놓았다.

이튿날 아침 우리 부부는 은행 문이 열리는 시간에 맞춰서 손자의 도장을 들고 은행으로 달려갔다. 하지만 미성년자의 계좌개설은 그 과정이 여간 까다롭고 복잡한 게 아니었다. 은행 창구직원은 손자와의 관계를 입증할 수 있게 먼저 주민 센터로 가서 '가족관계 증명서' 같은 것을 떼어오라고 했다.

우리 부부는 은행에서 5백여m 정도 떨어져 있는 주민 센터로 부리나케 달려가서 두 가지 증명서를 발급받아 은행으로 왔다. 그랬더니 이번에는 아이 후견인인 할아버지의 인감증명이 필요하단다.

다시 인감증명서를 떼서 가져다주니 이제는 대리인 신분증을 제시하란다.

　은행직원이 요구하는 대로 따라서 했더니 통장의 비밀번호를 정하라고 한다. 할머니와 상의 한 결과 손자가 할아버지를 오래도록 기억할 수 있게 하려고 내 음력생일자로 정했다. 생각해 보니 전에 손녀의 통장을 개설해준 경험이 있어서 개설과정이 쉬울 줄 알았으나 워낙 오래전 일이라 그런지 처음 하는 일처럼 생소하기만 했다.

　한참을 기다리자 마침내 은행 창구직원이 손자의 통장이 개설됐다고 부른다. 통장의 첫 입금액 란에 '생일을 축하 합니다.'라는 글자가 새겨져 있는 것이 선명하게 보였다. 무엇보다도 아이에게 어려서부터 올바른 경제관념을 심어주어야겠다는 나의 평소 생각을 실행에 옮길 수 있게 돼서 만족스러웠다. 그리고 통장을 받아들고 보름달처럼 만면에 웃음을 띠며 기뻐할 아이의 환한 얼굴이 떠올랐다. 우리 부부는 아이의 통장을 받아들고 서로 마주 보며 즐거운 미소를 지었다.

　요즘 신문 지상을 보면 어린 자녀에게 분에 넘치는 거액의 재산을 물려주어서 사회적으로 지탄받는 사람들의 이야기가 종종 눈에 띠곤 한다. 자기 자녀가 귀엽지 않은 부모가 어디 있겠느냐마는 지나친 보호 본능의 발현은 자칫 자녀들에게 불로소득이라는 잘못된 경제관념을 심어줄 수 있고, 그로 인해 불행의 씨앗이 될 수도 있다는 점에서 썩 바람직한 일은 아닌 것 같아보였다. 그래서 자녀들에게 어려서부터 제대로 된 경제관념을 가르쳐 주려면 이런 식으로 '작은 통장'을 만들어 주는 것도 좋지 않은가 생각한다.

일찍이 괴테는 '시와 진실'이라는 글에서 이렇게 말한 적이 있다. "청소년은 가르침을 받는 것 보다는 정신적 자극을 받기를 원한다" 청소년들의 생명을 아주 명쾌하게 통찰한 명언이 아닌가 한다. 그러면서 그는 아이들의 혼은 감동이나 자극을 받을 때 자연스럽게 활달한 상상력이 발동되고, 항상 하고 싶은 의욕을 느끼면서 '나도 무엇인가 해야 되겠다'는 결심을 하게 된다고 말했다.

나는 평소에도 생각이 있는 부모라면 엄청난 액수의 돈을 미리 전달하는 역할에서 머물게아니라 청소년들의 잠재적 정신을 개발해 각성시켜 나가는 일에 신경을 더 써야 한다고 생각 해 왔다. 이는 내자신이 평범한 가장으로서 가져온 지론이기도 하다. 만약에 어린 시절에 좋은 자극을 받는다면 그가 가지고 있는 위대한 잠재력은 반드시 아름다운 꽃을 피울 수 있다고 보는 것이다.

우리들은 누구나 외부에서 좋은 자극을 부단히 받아야 지금보다 조금이라도 더 발전하면서 살아갈 수 있다. 특히 어린이들에게는 그 필요성이 아주 높다고 하겠다. 이를테면 좋은 책을 읽거나, 존경하는 스승님 또는 부모님과의 격의 없는 대화시간을 갖는다거나 훌륭한 선생님의 강연을 듣는 것, 때론 감동적인 연극이나 예술품을 관람한다든가 아니면 대자연과 접촉하고 미지의 흥미 있는 여행을 떠나는 것 같은 요소들은 젊은 혼을 자극하여 일깨우는 좋은 방법이 될 수 있을 것이다. 이번에 손자에게 건네 준 통장도 아이에게 좋은 자극이 될 값진 생일선물이 되었으면 하는 바람이다.

제2부
우리 손자가 달라졌어요

하나.
목표 있는 삶을 살라

손자들 가운데 올해 고3과 중3이 되는 녀석들이 있다. 새 학기가 되기 전에 무엇인가 이 할아버지가 삶의 이정표가 될 만한 말을 해 주어야 하는데 그렇게 못하고 있다. 아이들이 방학 중인데도 연일 학원으로 돌고 있어 쉽게 만날 수가 없기 때문이다. 그래서 생각 끝에 편지를 써서 부치기로 했다. 다음은 편지 내용이다.

"사랑하는 나의 손자들아! 요즘 방학인데도 공부하느라 얼마나 힘들고 지치느냐? 이 할아버지도 다 겪은 일이어서 짐작은 하지만 어떻게 하겠느냐, 그게 너희들이 처한 운명이고 책무인 것을 말이다. 너희들을 만나 차분하게 이야기를 들려주고 싶다만 그렇지 못하니 할아버지가 하고 싶은 말을 편지로 써서 보낸다. 잔소리라고 생각하지 말고 인생 경험자의 충고로 알고 한 번 읽어보고 삶의 거울로 삼기 바란다.

인간은 뚜렷한 목표를 가질 때, 그것을 달성하려는 열의가 생기고, 그 목표가 이루어지는 만큼 보람도 느낀단다. 뿐만 아니라 '나도 무엇인가 실현할 수 있다'는 자신도 생기는 것이다. 목표가 없는 사람과 목표가 있는 사람은 병자와 건강한 사람만큼이나 차이가 있단다. 병자의 얼굴은 창백하고 기운이 없지만 대신에 건강한 사람은 얼굴에 생기가 돌고 힘이 솟게 마련이다.

그렇다면 어떤 목표를 가져야 할 것인가, 일단은 크고 높은 목표를 가져야 한다. 역사적으로 보면 위대한 인물이란 위대한 목표를 가진 사람이었다. 인물의 크고 작음이나 높고 낮음의 차이는 그가 가진 목표의 대소고저(大小高低)에 의해서 결정되는 것이란다. 그러니 너희들은 상급학교 진학에 있어서 처음부터 주눅들 필요가 없단다. 앞으로 1년이라는 시간이 남았으니 우선 원대한 목표를 가슴 속에 품기 바란다.

하지만 목표를 세운 것만으로는 부족하다는 것을 명심하길 바란다. 마음만 있다고 모든 일이 이루어지는 것은 아니지 않느냐, 따라서 그 목표를 달성할 수 있는 체력과 능력을 키우는 일이 필요한 것이다. 얘들아! 체력이 무어냐? 신체의 에너지다. 능력은 무엇이냐? 정신의 에너지다. 조그만 고생이나 과로에도 견딜 수 없는 약한 체력으로는 큰일을 도모할 수 없느니라. 그러니 무엇보다 잘 먹고 잘 자고 적당한 운동을 해야 한다.

그러나 체력만으로 일이 성사되는 것은 아니다. 능력을 갖추어야 한다. 목표한 상급학교에 들어가려면 그만큼 능력을 키워야 한다는 말이다. 능력이란 문자 그대로 어떤 일을 '해낼 수 있는 힘'이라고 한다. 가능성을 현실화하는 힘이요, 목표를 실현할 수 있는 에너지인 것이다. 다시 정리해서 강조한다면 첫째는 원대한 목표의 확립, 둘째는 그것을 실현할 수 있는 체력과 능력의 구비, 이것이 대업(大業)을 이루는 요체(要諦)인것이다. 이해가 되겠느냐? 질문할 일이 있으면 설 연휴에 만났을 때 하도록 해라. 너희들을 사랑하는 할아버지가"

둘.
손자의 나쁜 버릇 고치기

성경의 잠언서에 '마땅히 행할 길을 아이에게 가르치라 그리하면 늙어도 그것을 떠나지 아니 하리라' 라는 말씀이 있다. 나는 이 말씀대로 7살짜리 막내 손자에게 최근의 언행 중에서 잘 못된 점을 가르쳐 주기로 했다. 먼저 짜증을 내는 버릇부터 고쳐주어야겠다는 생각을 했다.

그날도 나는 여느 때처럼 학원이 끝나는 시간에 손자를 데리러 갔다. 그런데 녀석이 나를 만나자마자 괜히 짜증부터 낸다. 이유는 간단했다. '와풀'을 사다났느냐고 하기에 오늘은 할아버지가 바빠서 못 사다 났다고 했더니 짜증을 부려대는 것이다. 내일은 꼭 사다 놓겠다고 달래서 겨우 집에 데리고 왔는데, 이번엔 안 하던 반찬 투정을 한다. 제가 좋아하는 '닭강정'이 없다는 이유다. 할머니가 '대신 네가 좋아하는 돈가스를 준비했다'고 하자 "할머니 미워" 하고 심통을 부린다.

아이들은 대개 졸리든지 피곤하거나 또는 배가 고프면 짜증을 잘 낸다고 들은 바가 있다. 그래서 오늘은 녀석이 무척 피곤한데다 허기진 모양이라고 생각하고 온갖 아양(?)을 다 떨어가며 겨우 밥을 먹게 했다. 평소 같으면 집에 오자마자 목욕부터 하는데 오늘은 밥을 먼저 먹겠다고 해서 손만 씻기고 목욕은 밥을 먹은 뒤 시켜야 했다.

그 일이 있은 다음 나는 서재로 들어와 책을 읽고 있는데 녀석이 좀 전에 제가 한 행동이 미안했던지 슬그머니 서재로 들어온다. 그리곤 "할아버지. 나 왔어"하고 인기척을 낸다. 나는 들은 척도 않고 그냥 책만 읽었더니 녀석이 한마디 더 한다.

"할아버지!"

"왜 그러느냐?"

마지못해 내가 대답을 하니 녀석이 이렇게 말한다.

"여기 벽에 걸려 있는 할아버지 사진은 웃고 있는데 지금은 왜 안 웃어?"

나는 "오늘은 네가 계속 짜증만 내서 할아버지가 힘들어서 그런다"고 말해주었다. 그런데 그 다음 녀석의 혼잣말이 나를 웃게만들었다.

"그럼 더이상 할 말이 없네!"

밥을 먹고 목욕을 한 뒤라 그런지 녀석이 명랑한 성격으로 다시 돌아온 모양이다. 나는 '기회는 이때다' 하고 손자를 불러 손자의 두 손을 붙잡고 기도하자고 했다.

"하나님, 우리 손자를 항상 눈동자 같이 지켜주시고 무럭무럭 자라게 해주셔서 감사합니다. 유치원 공부를 하는데 재미있게 할 수 있도록 도와주시고 태권도 수련을 할 때 힘들지 않게 하여 주시옵소서. 지혜롭고 착한 어린이로 자라도록 인도해 주소서…"

기도가 끝나자 녀석의 반응이 즉시 나타났다.

"할아버지, 죽을죄를 졌습니다."

"뭐? 죽을죄라고? 그렇게까지는 말할 필요가 없단다. 그냥, '죄송합니다.' '혹은 잘못했습니다.' '앞으로 고치겠습니다.' 정도만 하면 된단다."

"네, 알겠어요."

지난주일 오후였다. 평소처럼 아들네 식구들이 저녁을 우리 집으로 먹으러 왔다. 오늘은 외식을 하자는 며느리의 제안으로 나는 외출복으로 갈아입기 위해 옷 방으로 갔다. 그때 손자가 따라 들어오더니 이것저것 질문을 해 댄다. 나는 질문에 답변을 해 주면서 녀석에게 할 수 있는 칭찬의 말은 모두 해 주었다.

"우리 윤준이는 유치원에도 잘 다니고, 태권도도 잘 하고, 밥도 잘 먹고, 집에서는 아빠 엄마 말씀도 잘 듣는다면서? 그러니까 우리 손자 최고야!"

그 때였다. 녀석이 나에게 청탁(?)을 한다.

"할아버지!"

"왜?"

"더 큰 소리로 칭찬해 주세요."

"왜냐?"

"그냥, 할아버지 말씀을 아빠가 좀 들었으면 해서요."

"어째서 아빠가 들어야 하는데?"

"아빠는 나를 잘 모르는 것 같아서요."

"하하하~ 알았다."

그래서 나는 아들이 듣게 거실 쪽에 대고 더 큰 소리로 손자를 칭찬하는 말을 반복해 주었다. 금방 손자의 얼굴에 함박웃음이 번졌다.

셋.
우리 손자가 달라졌어요

 일곱 살짜리 막내 손자가 새 학기가 되면서 여러모로 달라지고 있다. 전에는 태권도장에서 집으로 올 때 어떤 핑계를 대든지 문방구로 나를 끌고 들어가 장난감을 사거나 상가 지하 마트로 가서 과자나 사탕을 사는 버릇이 있었다.
 그런데 새 학기가 시작되면서 문방구는 물론 마트에도 들르지 않고 곧장 집으로 오고 있다. 참으로 신기한 일이 아닐 수 없다. 그래서 엊그제는 녀석을 떠보려고 내가 먼저 문방구나 마트에 가지 않겠느냐고 물어봤다. 그랬더니 별로 살 것이 없다면서 오히려 머뭇거리는 나에게 집으로 어서가자고 한다. 그런 행동을 하도록 어디서 영향을 받았을까? 나로서는 궁금하기 짝이 없다.
 달라진 것이 또 있다. 유치원 선생님에 따르면 수업 중에 큰일이건 작은 일이건 용변을 보는 일도 새 학기 들어 혼자 처리하고 있다는 것이다. 얼마 전까지만 해도 큰일을 볼 때만큼은 선생님이 반드시 따라가야만 했단다. 그런데 얼마 전부터 따라오지 말라고 하면서 혼자 처리를 거뜬히 하고 온다는 것이다.

"아마도 유치원에서 제일 맏형반이 되니까 그만큼 독립심이 생긴 것 같아요."

선생님의 전언이다.

그 뿐만이 아니다. 집에 와서 하는 행동도 예전과 판이하게 달라지고 있다. 우선 집에 도착 하면 누가 시키지도 않는데 가방이나 점퍼 등 옷가지를 벗어서 나란히 개켜 놓는다. 전에는 아무데나 던져버리곤 했었다. 그리고 저 혼자 욕실에 들어가 손을 씻고 식탁에 앉아 밥을 달라고 한다.

할머니가 밥을 주면 녀석은 두 손을 모으고 식사기도를 드린다. 기도가 끝나면 '잘 먹겠습니다'를 외치고 혼자서 밥을 떠서 먹는다. 우리 내외는 갑자기 달라진 녀석의 모습에 놀라면서도 그저 신기하기만 했다.

얼마 전까지만 해도 녀석은 할아버지가 식사기도를 드려도 전혀 관심을 두지 않았으며, 밥도 할머니가 먹여주는 것으로 되어있었다. 말하자면 갓난아기와 다름없었던 것이다. 그래서 내가 물어봤다.

"윤준아, 어떻게 혼자 밥을 먹게 된 것이냐?"

대답을 들으니 수긍이 갔다.

"응 그건 유치원에서도 점심은 내가 혼자 먹어요. 그러니까 집에서도 혼자 먹을 수 있어요."

"그랬구나, 그런데 밥 먹기 전에 '잘 먹겠습니다' 밥 먹은 후에 '잘 먹었습니다. 감사합니다.'라고 하는 것도 유치원에서 그렇게 하니?"

"네, 선생님이 집에서도 하라고 그랬어요."

"식사기도 하는 것은?"

"그것도요."

"그럼 집에 와서 가방과 옷을 정돈하는 것은 어디서 배웠느냐?"

"그건 태권도장에서 가르쳐주었어요."

이제 의문이 풀린 셈이다.

그런데 오늘은 식사기도를 하는 녀석의 모습을 핸드폰으로 찍었더니 녀석이 나한테 특청(?)을 한다.

"할아버지."

"왜 그러느냐?"

"그 사진 아빠한테 전송해줘요."

"무엇 때문에?"

"그냥 아빠가 보게요."

"아빠가 보면 어떤데?"

"내가 할아버지 할머니 말씀을 잘 듣는지 안 듣는지 아빠는 모르잖아요. 그러니까 사진으로 보여주게요."

"그렇게 해 주마, 그런데 윤준아, 네가 착한 일을 하면 아빠가 칭찬해주느냐?"

"그럼요."

"칭찬해주면 뭐가 좋은데?"

"응, 그 건 말예요. 착한 일을 하면 아빠가 토요일에 자전거를 같이 탄다고 했어요. 그러니까 좋지요."

나는 녀석이 기도하는 사진과 함께 '오늘은 윤준이가 착한 일을 많이 했으니 칭찬해주거라'고 하는 문자를 아들에게 보냈다. 금방 아들에게서 "네!"라는 답신이 왔다. 내가 손자에게 그 답신을 보여주자 녀석은 만면에 웃음을 짓는다.

넷.
죽기로 작정하면

얼마 전 하루는 8살짜리 손자가 학교에 다녀오더니 나에게 "死則 必生生則必死이니 죽기로 작정하면 반드시 살고, 살기로 작정하면 반드시 죽는다."라는 말을 아느냐고 묻는 것이다. 그러면서 이 말은 충무공(忠武公) 이순신(李舜臣) 장군이 한 말인데 자기도 이 정신으로 공부를 하겠다며 비장한(?) 각오를 보이는 것이었다. 하도 신통방통해서 나는 손자에게 이 말의 유래와 임진왜란 당시의 전투상황을 좀 자세히 알려주기로 했다.

"네가 말한 死則必生生則必死라는 말은 왜군이 우리나라를 침략한 임진왜란 때, 그러니까 정확히 정유재란이 있었던 정유(丁酉)년 9월15일에 이순신 장군이 쓴 〈난중일기(亂中日記)〉에 나오는 것이란다. 난중일기는 일본군과 전쟁하는 가운데 충무공이 매일매일 쓴 일기란다. 원래 이 말은 중국의 병서(兵書), 즉 전쟁하는 방법을 적어놓은 책에 나오는 말인데, 군인이 전쟁터에 나가서 살아남을

궁리만 하다가는 오히려 죽기 마련이지만, 죽을 각오로 싸우면 반드시 살길이 열린다는 뜻이란다.

네가 더 크면 알겠지만, 이것은 비단 전쟁에서만 통하는 진리가 아니고 인생만사에 이 원칙이 통하는 것이다. 누구나 어려운 고비에 처했을 때, 죽음을 각오하고 최선을 다해서 싸우면 반드시 이겨낼 수 있다는 말이기 때문이란다. 사실 인생의 각오 중에 죽을 각오처럼 무서운 각오는 없단다. 이 각오가 서 있느냐 안 서 있느냐 이것이 문제인 것이다.

충무공은 이 중국 병서의 말을 그대로 실천한 위대한 장군이란다. 왜군이 많은 병력을 이끌고 노량 앞 바다로 침공했을 때, 우리 해군은 12척의 배밖에 없었단다. 그러니 죽을 수밖에 없는 어려움에 처했던 것이다. 이 어려움을 돌파하고 승리에 이르는 길은 오직 죽을 각오를 하고 최선을 다해 싸우는 수밖에 없었단다. 그래서 그는 이 전투에서 죽기로 작정하고 싸운 끝에 승리를 거두었던 것이다.

너도 공부를 많이 해서 훌륭한 사람이 되려면 이 말을 너의 좌우명으로 삼아도 좋을 것이다. 한문에 사생결단(死生決斷)이란 말이 있다. 죽고 삶을 돌보지 않고 비상한 각오로 일을 대하는 것을 말한다. 이 사생결단의 용기와 각오로 일을 처리한다면 해결하지 못할 일이 별로 없을 것이다. 죽기로 작정하면 반드시 살 길이 있는 법이란다. 앞으로 명심토록 하라."

　이 일이 있은 얼마 뒤 녀석은 현충일에 서울 용산 전쟁기념관에 데려다 달라고 했다. 녀석은 그곳 전시실마다 적국의 대군을 물리친 선조들의 전쟁사를 관람하면서 나에게 질문을 쏟아냈다. 특히 충무공의 대첩들을 전시한 방과 거북선 모형의 전시장에선 자리를 뜨려고 하지 않았다. 그리곤 얼마 전 내가 알려준 충무공에 대한 이야기를 빠짐없이 기억해 냈다. 이번 여름방학에는 아산 현충사를 견학시켜야겠다.

다섯.
참나무 같은 사람

　추석 연휴를 이용하여 아홉 살짜리 막내 손자와 가평의 호명산 숲을 찾았다. 산은 벌써 울긋불긋한 옷으로 갈아입기 시작하고 있었다. 우리는 하늘이 안 보일 정도로 숲이 우거진 '나무 길'을 따라 걷기 시작했다. 숲속은 포근했다. 저 멀리 능선으로 하얀 는개가 피어오르고 있었다. 이따금 이름 모를 산새들이 이 나무 저 나무로 옮겨 다니며 노래를 부른다.
　나무에 관해 이야기를 들려주는 가운데 손자가 말한다.
　"할아버지, 그런데 말예요. 나도 저 참나무처럼 살고 싶어요. 참나무는 살아서는 열매를 맺어 사람들에게 맛있는 도토리묵을 주고, 산속에서 살고있는 다람쥐 등 동물들에게는 겨울철 양식도 준다고 하셨잖아요."
　"그랬지. 어디 그뿐이냐. 참나무는 죽어서는 멋진 오크 가구로 다시 태어나고, 좋은 땔감으로 사용되고는 타다가 꺼지면 참숯이 된단다."

"그러니 얼마나 좋은 나무에요. 그래서 제가 참나무처럼 살겠다는 거예요."

"하하하~ 그러니? 참으로 훌륭한 생각을 했구나. 그런데 참나무는 어떤 한 가지 수종을 지칭 하는 것은 아니고, 참나무 과(科)에 속하는 수종을 통틀어 부르는 말이란 건 알고 있니?"

"몰라요"

"그랬구나. 국어사전에서 참나무를 찾아보면 '상수리나무'라고 나온다. 어쨌든 네 말마따나 참나무는 말 그대로 진실 된 나무란다. 사람도 참나무 같은 존재가 있지 않겠니? 아낌없이 주는 나무 같은 사람 말이다."

"할아버지. 그런 사람이라면 바로 예수님이잖아요."

"그렇지, 그런 분이지. 예수님은 너도 잘 알다시피 우리들을 위해 모든 걸 내어주시고도 티도 내지 않으셨지. 그것밖에는 더 바라는 게 없으신 분이었단다. 이 땅에 오셔서 우리의 죄를 대신 지시고 십자가에 못 박혀 죽으시고, 사흘 만에 부활하신 분이지. 나무로 치면 참나무와 같은 분이라 해도 좋을 것이다."

"하지만, 할아버지, 이 세상에 참나무 같은 사람이 얼마나 있을까요?"

"글쎄다. 생각보다 그렇게 적지는 않을 것이다. 좋은 일을 아무도 모르게 하시는 분들이 이 세상엔 많단다. 그런데 말이다. 이 세상은 혼자서는 결코 살 수 없는 것이란다. 다시 말해 더불어 살아야 한다는 말이다. 하나님이 이 지구상에 있는 사람은 물론, 다른 동식물들도 어울려 살게 창조하셨기 때문이지."

한참을 걸었는데도 손자와의 동행이어서 그런지 하나도 피곤한 줄을 몰랐다. 무엇보다도 오늘 손자가 참나무처럼 살고 싶다고 했으니 아주 큰 수확을 얻은 나들이였다고 생각된다. 그래서 무척 행복한 날이었다.

여섯.
인생은 곱셈이다

엊그제 있었던 일입니다. 9살짜리 손자가 갑자기 질문을 해 왔다.

"할아버지. 100 곱하기 0은 0 이지요? 1,000 곱하기 1,000도 0 이고요."

내가 대답했다.

"그렇지. 무엇이든 0을 곱하면 0이 된단다."

손자가 다시 물어왔다.

"그런데 '인생은 곱셈이다'라는 말이 있던 데요, 그게 무슨 뜻이예요?"

참으로 의미심장한 질문을 해 와서 반갑기도 했지만, 한편으로는 너무나 철학적인 질문이라 놀라움을 감출 수가 없었다.

아니 이 녀석이 언제 이렇게 정신적으로 컸단 말인가? 아니면 그냥 무심코 한 말일까? 무척 궁금했다. 그래서 녀석의 질문이 끝나기가 무섭게 즉시 물어봤다.

"아니, 네가 그런 말을 어디서 들었느냐?"

"응, 만화에서 봤어요."

"그랬구나, 그럼 할아버지가 자세히 설명해 주마. 하지만 네가 너무 어려서 이해하기가 좀 어려울 것 같구나."

"괜찮아요. ㅎㅎ말씀해주세요."

"그럼 시작한다. 잘 들어라."

"네"

"그 말은 말이다. 일본의 유명한 삽화가인 나카무라 미추루 라는 사람이 한 말로 알고 있다. 그는 '인생은 곱셈이다. 아무리 찬스가 와도 그대가 제로(0) 라면 그 찬스의 의미는 없다'고 했단다."

"할아버지, 사람도 0이 될 수 있어요?"

"그렇단다. 그 사람의 말대로 내가 0이면 모두가 0이지"

"무슨 말인지 이해가 안 돼요."

"그래, 그럼 더 쉽게 설명해주마."

"아까 할아버지가 말한 대로 모든 것에 0을 곱하면 0이 된다고 했으니. 사람도 0을 곱하면 0이 된다는 것이지. 이 말은 결국 사람도 다른 식물들과 같이 인생이라는 열매를 맺으려면 자신을 다듬고 또 다듬어야 한다는 뜻이란다. 다시 말해서 만약에 네가 나중에 커서 훌륭한 사람이 되겠다고 마음을 먹는다면 지금부터 네 자신을 아끼고 사랑하며 성실하게 열심히 살려고 노력해야 한다는 뜻이다."

"할아버지, 그러니까 한마디로 '말 잘 듣고 열심히 공부하라'는 것이 아닌가요?"

"그렇지, 말 귀도 참 빠르게 알아듣는구나, 그런데 말이다. 자기 자신을 다듬는다는 것은 시간이 날 때를 기다려서 하는 게 아니고, 언제나 다듬는 일을 쉬지 말고 해야 한다는 것이다. 그런데, 지금 당장은 다듬을 일이 없다면 어떻게 하면 되는지 아느냐?"

"몰라요"

"만약 그런 경우라면 먼저 남을 이해하고 배려하는 마음을 가꾸는 일부터라도 해야 한단다. 알겠느냐?"

"그럼, 할아버지가 늘 말해주시듯이 나는 지금처럼 성경학교에 열심히 다니고, 학교에 가서도 열심히 공부하고, 친구들과 사이좋게 지내고, 엄마 아빠 말씀 잘 들으면 되겠네요."

"그렇단다. 정답이다. 딩동댕!"

"알겠어요. 그렇게 하겠어요."

"한 가지 더 말해줄게 있단다. 아주 오래전인데 할아버지도 존경하는 도산 안창호 선생님 이라는 분이 계셨단다. 그 분이 하신 좋은 말씀 중에 이런 말씀이 있었다. '흔히 사람들은 기회를 기다리고 있지만, 기회는 기다리는 사람에게는 잡히지 않는다. 그래서 기회를 얻으려면 실력을 쌓아야 한다.'고 하셨지. 네가 나중에 세상이 필요로 하는 사람이 되려면 어려서부터 착한 마음을 갖고, 공부도 잘 하고, 남을 배려할 줄 아는 사람이 되도록 노력해야 하는 것이란다."

"네, 알겠어요."

나는 손자가 오늘 나로부터 전해 들은 '인생은 곱셈'이라는 이 진리를 늘 가슴에 새겨주길 간절히 바랬다. 그런 가운데 앞으로 한 해 한 해 지나는 동안 지혜롭게 자라서 이 세상이 정말로 필요로 하는 멋진 사람이 되도록 만들어 주실 것을 하나님께 간곡히 기도했다.

일곱.
구름 같은 인생

찰리 채플린이란 유명한 배우가 있었다. 그는 시대를 앞서가는 혜안으로 수많은 영화 속에서 삶의 의미가 무엇인지 질문했던 코미디의 천재였다. 그가 남긴 말 중에 이런 말이 있다.

"인간에게 주어지는 행운이나 불운은 하늘에 떠다니는 구름 같은 것이다. 결국 바람 따라 달라지는 것에 지나지 않는다."

그는 일찍이 인간의 숙명을 깨달았던 것 같다.

엊그제 11살짜리 손자가 '삶의 의미'가 무엇인지 아는 것처럼 말을 해서 나를 놀라게 했다. 녀석은 요즘 방학이어서 거의 매일같이 우리 집에 와서 살다시피 한다. 그날은 날씨가 너무 더워서 박물관 견학을 가려다 방향을 바꿔서 함께 찜질방으로 갔다.

온종일 시원한 물과 어우러져 놀다가 해질 무렵에 집으로 오는 길이었다. 녀석은 잠시 가던 길을 멈추더니 한동안 하늘을 멍하니 쳐다본다. 그러면서 이렇게 말했다.

"할아버지, 저 하늘의 구름 좀 보세요. 얼마나 행복해 보이는지 모르겠어요. 나도 저 구름처럼 살고 싶어요."

"뭐 라고? 지금 네가 무슨 말을 하는 것이냐?"

나는 녀석의 하는 말이 하도 기가 차서 되묻지 않을 수 없었다.

"그렇잖아요. 구름은 저렇게 가고 싶으면 어디든지 마음대로 떠다니고 이웃들과 사이좋게 지내잖아요. 그리고 돈 안 들이고 세계여행을 할 수도 있고, 가다가 비가 되어 나무들에게 물도 주고, 그 일이 끝나면 다시 수증기가 돼서 하늘로 올라가고 얼마나 좋아요."

"그렇구나. 네 말을 들어보니 나도 구름이 되고 싶구나."

"그럼 우리 구름이 돼서 살아갈까요? 할아버지는 큰 구름이 되고 나는 작은 구름이 되고요."

그러면서 녀석은 마치 하늘로 올라갈 듯이 두 발로 펄쩍펄쩍 뛰어본다.

어제 저녁 식사시간이었다. 평소 같으면 녀석의 저녁 반찬이 육류 종류였는데 이날은 생선구이였다. 아마 할머니가 특별히 마트에 가서 생선을 사다가 밥상에 올린 것 같았다. 손자가 대뜸 이렇게 말한다.

"할머니, 오늘은 생선구이네."

"그래, 소고기나 돼지고기만 먹으면 몸에 안 좋을 것 같아서 생선을 사왔다. 맛있게 먹어라"

"네, 알겠어요. 생선이 몸에 좋다는 얘기는 이미 들어서 알고 있어요."

"어디서 그런 말을 들었느냐?"

"책에서 읽었어요."

"그랬구나, 어서 먹어라"

"할머니, 고맙습니다."

그런데 식사를 하던 녀석이 할머니에게 엉뚱한 것 같지만 아주 의미심장한 질문을 한다.

"할머니, 생선을 싼 종이에서는 왜 생선 냄새가 나는 거예요?"

"그야 생선 냄새가 종이에 배어서 그렇지."

"아, 그렇군요."

"그런데 말이다. 너 이것은 알고 있니?"

"무언데요?"

"향수를 포장했던 종이에서는 향수냄새가 난다는 것 말이다."

녀석은 옆에 있는 나를 힐끗 쳐다 보고는 말을 이어갔다.

"그것도 알고 있어요. 얼마 전에 할아버지가 알려주셨어요."

할머니가 물었다.

"뭐라고? 이미 알려주셨다고?"

"얼마 전에 마트에 같이 갔을 때 알려주셨어요. 생선을 싼 종이에서는 생선냄새가 나는 법이고, 향수를 포장했던 종이에서는 당연히 향수냄새가 날 수밖에 없다고요."

"그럼 너 다 알고 있으면서 할머니를 시험하려고 물었던 것이니? 요 깍쟁이 같으니라고"

그러면서도 손자의 능청에 할머니는 기분이 좋은 모양이다.

"할아버지가 그 말씀만 하셨느냐?"

"아니지요. 사람도 마음이 착하면 그 마음이 얼굴에 나타난다고 했어요. 나쁜 마음을 가진 사람에게서는 썩은 냄새가 난데요. 그리고 착한 마음을 가져야 친구들도 잘 따른다고 했고요."

"그랬구나, 할아버지 말씀을 잘 명심해 두어라."

"네, 알겠습니다."

그 날 저녁을 먹고 나서 녀석은 놀이터로 나가 친구들과 놀다 들어와도 되겠느냐고 묻는다. 내가 날씨가 더운데 나가 놀 수 있겠느냐고 반문했더니 한다는 소리가 걸작이다.

"할아버지. 앞으로 중학생이 되면 학교 가야지. 학원가야지 제대로 놀 시간이 없어요. 그러니 지금 실컷 놀아야 해요. 인생이 놀지 않으면 무슨 재미로 살겠어요?"

"그래, 네 말을 들어보니 지금 놀지 않으면 안 되겠구나, 하지만 인생이 놀기만 한다면 가난하고 힘들게만 살 것이다. 건강에 좋을 정도로 놀고 나머지 시간은 학생이면 열심히 공부해야 하고 어른이 되면 열심히 일해야되는 것이란다. 알겠느냐?"

"네, 잘 알겠습니다."

녀석은 대답을 하고 밖으로 뛰쳐나가다 말고 뒤로 돌아서더니 뜬금없는 질문을 한다.

"할아버지, 할아버지는 지금 이 집을 나중에 누구한테 물려주실 거예요?"

"왜 그런 질문을 하니?"

"그냥 궁금해서요. 제 친구 중에 박준범이 있잖아요. 걔가 그러는데 걔네 아빠는 나중에 사는 집을 자기한테 물려준다고 했데요. 그런데 우리 아빠는 우리 집을 누나한테 준데요. 그러면 나는 집이 없잖아요. 그러니 할아버지 집은 나한테 주세요."

"허, 참, 그 녀석, 알았다. 이 집은 너한테 물려주마. 어서 나가 놀다 와라."

밖으로 나가는 손자의 뒷모습을 보니 키도 컸지만 생각도 많이 자랐다는 것을 느낄 수 있었다.

여덟.
세상을 보는 손자의 넓은 안목

손자가 5학년이 되더니 세상을 보는 눈이 넓어진 것 같다. 지난 해까지만 해도 학교에서 있었던 일이나 집안에서 일어난 일들이 이야기의 중심이었으나 이제는 시사성이 있는 문제들에 관해 높은 관심을 보이는 편이다. 그만큼 육체적으로만 아니라 정신적으로도 많이 성숙해진 것 같다.

오늘 저녁 식사시간이었다. 손자가 밥을 먹다가 TV에서 4월 총선에 관한 뉴스가 나오니까 그 곳에 눈이 팔려 있는 것 같았다. 내가 물었다.

"윤준아, 저녁은 먹지 않고 무얼 그렇게 열심히 듣고 있니?"
"아녜요"
"아니긴 뭐가 아니야, 식사할 때는 식사만 해야지."
"알겠어요"
그러고는 다시 밥을 먹기 시작한다.

내가 궁금해서 다시 물었다

"TV의 무슨 뉴스에 관심이 많은 거니?"

"국회의원을 뽑는데 누가 나오나 해서요."

"그랬구나. 전국에 몇 백 명이나 나오는데 네가 그 사람들을 어떻게 다 알겠니?"

"몇 사람은 알지만 대부분은 모르지요."

"그렇겠지. 그건 그렇고. 그럼 우리나라 정치인 중에 네가 좋아하는 사람이 있느냐?"

"있어요"

"그래? 그게 누군데?"

"응. 대통령은 말하지 않아도 아시겠고, 그런데 엄마가 밖에 나가서는 정치얘기 하지 말라고 했는데…."

녀석의 말끝이 나를 더 궁금하게 만든다.

"그랬구나, 그럼 말하지 않아도 된다. 그럼 너희들은 놀 때 친구하고 무슨 말을 하느냐?"

"응, 주로 역사 이야기나 과학 이야기를 많이 해요."

"그렇구나, 그런데 아무리 그래도 할아버지 앞인데 말 못할 게 뭐있냐?"

"그럼 말할 게요. 친구들도 나도 황교안 대표를 좋다고 해요."

"어째서 그러느냐?"

"얼굴을 보면 알아요. 그냥 좋은 분 같아요."

옆에서 할머니가 거든다.

"우리 손자가 안목이 높으시네. 그래 그분은 전도사님이니까 하나님 말씀을 거역하는 정치는 안 하실 거야."

"할머니도 그렇게 생각하세요?"

"그렇단다. 역사책을 많이 읽으면 알겠지만, 역사에 보면 훌륭한 분들이 많으셨단다. 한글을 창제하신 세종대왕을 비롯해 임진왜란 때 12척의 배로 해전에서 일본군을 격파한 충무공 이순신 장군, 대한민국을 세우신 이승만 대통령, 가난을 물리치신 박정희 대통령 등이 계셨단다."

손자가 다시 질문 해 온다.

"할아버지, 그런데 왜 사람들이 이승만 대통령과 박정희 대통령을 헐뜯고 있어요?"

"그건 말이다. 설명하기가 긴 데 사람은 완벽하지 않아서란다. 대개 공이 7이면 과도 3이 있다고 한단다. 잘한 일이 7이면 잘못한 일도 3이 있다는 뜻이지. 그런데 사람들은 대개 공은 생각하지 않고 과만 가지고 비난하는 거란다."

"그렇군요."

나는 여기에 더 첨부해주었다.

"너와 네 친구들은 아주 착하고 건전한 생각을 가진 모범적인 어린이들이구나. 역사는 흔히 되풀이 된다고 한다. 예전에 일어났던 일들이 후세에도 반복 되는 경우가 많다는 것이지. 역사를 알면 미래를 예측하고 설계할 수 있어서 좋단다. 열심히 역사책을 읽도록 해라."

"네 알겠어요"

엊그제는 이런 일도 있었다. 태권도 도장에서 연습 하고 밖으로 나온 손자가 마중 나간 나를 보더니 갑자기 하늘을 올려다보면서 "할아버지, 저 하늘 좀 보세요"라고 말한다. 나는 하늘에 초승달이라도 떠 있나 해서 얼른 하늘을 쳐다봤다. 하지만 아무것도 발견할 수가 없었다.

"아니, 뭐가 있단 말이냐?"

"저 하늘 좀 보세요. 얼마나 파랗고 맑아요. 이렇게 좋은 봄날인데 그놈의 코로나 때문에 놀이터도 못 나가다니 코로나가 밉기만 해요."

　내가 말했다.

"허허 그것참 안됐구나. 그 대신 여름방학 때 실컷 놀면 되지 않니?"

"할아버지도 참, 봄방학이 코로나 때문에 길어져서 여름방학은 없을 것 같은데요."

그러면서 녀석은 지금 코로나바이러스 때문에 많은 사람들이 죽어가고 있는데 라이언 박사가 말하는 '바이러스 엑스(X)'가 아닌지 모르겠다고 말한다.

"네가 '바이러스 엑스'를 어떻게 아니?"

"재작년에 할아버지가 사다 주신 '과학상식'이라는 책에서 읽었어요."

기억력이 참 좋은 녀석인 것 같다.

"그럼 거기에 무어라고 되어있더냐?"

"거기엔 언젠가 지구가 인류의 90%를 죽일 거라고 되어있었어요. 지구상에 살고 있는 인간의 숫자가 너무 많은데다가 인간들의 생활방식이 지구를 점점 오염시키고 있기 때문이라는 거예요. 왜 있잖아요. 지구가 불필요한 생물들을 멸종시켜서 개체 수를 조절하듯이 인간의 숫자도 그런 식으로 조절 할거란 말이지요."

녀석은 많이 알고 있었다.

"요즘엔 그런 생각도 들어요. 지구가 인간의 숫자를 줄이는 게 아니라 하나님이 인간이 너무 잘못하니까 벌주기 위해 바이러스를 보낸 게 아닌가 하는 것이지요. 라이언 박사도 조절수단이 바이러스일거 라고는 생각하지만 어떤 종류의 바이러스인지는 확실히 모른다고 했데요. 그래서 '바이러스 엑스'라는 거예요."

"그래, 아주 무서운 이야기란다. 할아버지가 좀 더 자세히 설명해주마"

"사실 네가 말하는 라이언 박사는 영국 사람으로 쉐필드 의과대학에서 근무했었는데, '바이러스 엑스'라는 책을 1997년에 썼단다. 그는 그 책에서 인류를 멸종시킬 미지의 바이러스 출현을 예고했지. 그 뒤 2006년인가 미국 텍사스대학교의 생물학 교수인 에릭 피안카 박사가 다시 한번 그와 같은 주장을 펼쳤단다. 그는 한 때 아프리카에서 90%의 치사율을 기록한 바 있는 에볼라 바이러스가 '바이러스 엑스'가 아닌가 하는 예측을 내놓기도 했단다."

"여하튼 현재로서는 '바이러스 엑스'가 코로나바이러스인지는 모르겠으나 학자들이 연구하고 있으니 곧 밝혀지리라고 본다."

"그런데 할아버지, 코로나바이러스 치료제는 언제 개발되나요?"

"글쎄다. 보도를 보면 미국. 독일 그리고 우리나라에서 각각 연구 중인데 임상실험을 거쳐 시중에 나오려면 적어도 1년은 족히 걸린다고 한다"

손자는 매우 실망하는 표정이다.

"어휴, 그때까지 얼마나 많은 사람들이 사망하겠어요. 걱정이네요. 이왕이면 우리나라에서 치료제를 발명했으면 좋겠네요. 그러면 노벨상도 타고 좋잖아요."

"그렇지. 그렇게 될지도 모르지. 하여간 하루라도 빨리 약이 나와서 사람들이 더는 사망하는 일이 없으면 좋겠다. 너도 크면 과학자가 돼서 인류를 위해 좋은 약을 만들 생각을 한 번 해 보거라."

"네, 할아버지, 알겠습니다."

아홉.
인생의 목적을 위해 전력투구하라

여름방학이 되어 올해 고교에 진학한 손녀가 할머니와 자고가야겠다 면서 찾아왔다. 녀석은 방학이 됐어도 학원에 가야하고 교회 수련회에도 다녀오느라 이제야 찾아뵙는다며 무척 송구스러운 모습을 보였다. 가까이 살아도 상급학교에 진학하고부터는 가끔 주일에 교회에서 잠깐 보는데 그쳤는데, 그때마다 손녀는 방학이 되면 할머니 집에 가서 자고 싶다고 입버릇처럼 말했었다. 하지만, 그게 쉬운 일은 아니었나 보다.

그날 저녁 손녀는 함께 저녁식사를 하고 이야기를 나누는 가운데 방학 숙제라면서 역사인물 가운데 묘비명(墓碑銘)이 특이한 사람의 이야기를 들려달라고 간청했다. 그래서 나는 '적(赤)과 흑(黑)' '연애론(戀愛論)'을 쓴 프랑스의 유명했던 소설가 스땅달(1783~1842)의 묘비명에 관하여 들려주었다. 다음은 그날 손녀에게 전해 준 이야기를 요약한 것이다.

"스땅달은 자기의 59년이라는 생애를 세 개의 단어로 요약한 것으로 유명하다. 그의 묘비명이기도 한 이 세 가지 단어는 바로〈〈썼다. 사랑했다. 살았다〉〉라는 것이다. 그의 묘석(石)에 는 이탈리아 말로 Scrisse(썼다), Amor(사랑했다), Visse(살았다)라고 적혀 있단다. 왜냐 하면 그는 프랑스인이었지만, 일생동안 이탈리아를 사랑했었기에 묘비명도, 성명도, 죽은 해도 다 이탈리아 말로 썼던 것이다.

그는 짧은 생애지만 많은 작품을 썼다. 11명의 여성과 열렬한 사랑을 했고, 그리고 자기의 소신대로 인생을 살았다고 역사는 기록하고 있단다. 그의 소설이나 글에는 이탈리아를 예찬하는 내용들이 많다고 한다. 그의 일기에 이런 말이 나온다.〈인생의 모든 불행은 자기에 관한 일에 대해서 그릇된 사고(思考)를 하는데서 생긴다. 사물을 건전하게 판단하는 것은 행복에 이르는 큰 일보(一步)다.〉

결국 이 말은 '마음먹기'에 달렸다는 것을 말하고 있다고 본다. 그리고 그 마음먹기는 매사를 긍정적으로 생각하자는 뜻이 아니겠니? 그는 결국 인생의 최대 목적은 행복해지는 것이라는 말을 하고 있는 것이다. 물론 그 행복해지는 방법은 여러 가지가 있을 수 있을 것이다. 예컨대 가장 소박한 일상생활에서도 행복을 느낄 수 있고, 너처럼 공부를 잘해서 행복해질 수도 있으며, 부자가 되어서, 아니면 남에게 베풀어서 행복해질 수도 있단다.

 여하튼 어떤 경로를 통해서 행복해지든지 그런 행복을 맛보려면 먼저 자기 자신을 바로 알아야 한다고 그는 말하고 있다. 그러니까 자기의 능력과 열정, 노력과 의욕이 어느 정도인지 자세히 살펴야 한다는 것이다. 다시 말해서 자기에 관한 일을 바로 판단해야된다고 그는 믿었던 것이다.

 그의 묘비명에 있듯이 그는 자기의 인생에서 전력투구의 정열을 가지고 살았고, 썼고, 사랑했던 것이다. 왜 야구선수가 공을 던질 때에 스트라이크를 넣기 위해 온갖 정성과 지혜와 노력을 공에 집중하듯이 말이다.

 너의 경우도 마찬가지라고 본다. 무슨 일이라도 좋다. 인생에 있어서 가치 있는 일, 보람 있는 일이라면 일단 목표를 설정하고 그 일과 그 목표에 전력투구해야 한다. 왜냐하면 그러한 사람이 성공하고, 그러한 사람이 행복하고, 그러한 사람이 이 사회에서 대업(大業)을 이루기 때문이란다. 거듭 강조하지만 네 인생의 목적을 달성하려면 무조건 전력투구하라는 말이다. 이 말을 늘 명심하기 바란다."

제3부
꿈이 많은 아이

하나.
입술에 복이 있는 녀석

오늘은 어제 사용한 말의 결실이고, 내일은 오늘 사용한 말의 열매라는 말이 있다. 그만큼 말의 힘이 크다는 것일 게다. 나는 늘 아이들에게 "아침의 첫 마디는 중요하니 밝고 신나는 말로 하루를 열도록 하라"고 당부하곤 했다. 말 자체가 에너지이기 때문에 좋은 에너지를 충전시키라는 뜻이다.

또한 아이들에게 말의 중요성을 일깨워주는 말도 많이 해주곤 했다. "자나 깨나 '감사합니다.'라는 말을 반복 하라.", "말할 때는 늘 미소를 띠우고 하는 버릇을 길러라", "불평하는 말은 하지 말고, 없는 말을 퍼뜨리는 일은 있어서는 안 된다"고 가르쳐 왔다. 하지만 때로는 침묵하라는 말도 일렀다. 침묵은 최상의 언어이기 때문이다. 그런 가르침 덕분인지 아이들의 말하는 습관이 좋은 인성(人性)을 갖게 해 준 것 같아 여간 다행한 일이 아니다.

이런 좋은 습관은 자식 대에서 손자대로 이어지는 것 같다. 요즘

7살짜리 손자 녀석이 간혹 정색하고 하는 말이 이를 입증해준다. 녀석은 태권도장에서 집에 오면 땀을 많이 흘렸기 때문에 저녁 식사를 하기 전에 보통 목욕부터 하게 된다. 그런데 욕탕에 들어가면 첫 마디부터 어른스럽다. "아, 참 좋다. 파라다이스가 따로 없네. 하나님 감사합니다." 이 말이 내가 듣기 엔 걸작인 것이다. 그리고는 그날 하루 유치원과 태권도장에서 있었던 일들을 일일이 나에게 보고(?)한다.

엊그제는 이런 일도 있었다. 아들한테서 전화가 왔다. 손자를 데리러 오기 위해 주차장에서 차를 빼려 했으나 마침 아파트에서 임시 장터가 열려 차를 뺄 수 없다면서 택시라도 타고 오겠다고 했다. 그래서 내가 뭐 그럴 게 있느냐 내가 손자를 내 차로 데려다 주겠다고 했더니 그렇게 해 주시겠느냐면서 "그러면 저야 좋지요" 한다.

문제는 다음이다. 통화 내용을 옆에서 듣던 손자가 내게 물었다. "아빠가 뭐래요?" "응, 너를 할아버지 차로 데려다 달란다."고 했다. 그 말에 손자는 "어디 버릇없이 할아버지한테 심부름을 시켜요, 아빠 좀 혼내 주세요."한다.

"네 아빠는 할아버지 아들인데 그런 것 가지고 뭐 혼내기까지 하겠느냐"고 했더니 녀석은 대뜸 "아빠는 내가 아들인데도 끄떡하면 혼내는데요 뭐" 라면서 입을 내민다. 그래서 내가 말했다.

제3부 꿈이 많은 아이

"응, 그건 아빠가 너를 그만큼 사랑해서 그러는 거란다."

"할아버지도 아빠를 사랑하면 혼내주세요"하고 말했다. 기가 찼다.

여하튼 나는 손자를 내 차에 태워 아들내로 갔다. 아들이 미리 아파트 정문 앞까지 나와 기다리고 있다가 손자를 받아주었다. 차에서 내린 손자는 책가방과 태권도복을 내리더니 제 아빠에게 일갈한다.

"아빠, 할아버지를 너무 부려먹는 것 아냐?" 그리고는 "할아버지, 죄송해요" 하고는 제 아빠에게도 어서 죄송하다고 말하라고 채근한다. 아들은 손자의 말이 떨어지자 "아버지, 죄송해요"한다.

나는 차를 돌려 집으로 오면서 기분이 좋아서 맘껏 소리 내어 웃었다. 아마도 손자는 '입술에 복이 있는 녀석'임에 틀림없는 것 같다.

둘.
꿈이 많은 아이

　요즘 들어 우리 내외는 7살짜리 손자의 뜬금없는 질문에 설명해 주느라 진땀을 빼곤 한다. 엊그제 있었던 일이다. 태권도 도장에서 돌아와 저녁을 먹은 손자가 꿈 이야기를 꺼낸다. 그런데 이야기를 들어보면 꿈 내용이 허황할 뿐만 아니라 어린이에게는 맞지 않는 내용이어서 우리 내외를 당황케 하곤 한다.
　다음은 그중의 하나다. 줄거리는 꿈속에서 보니 세계가 모두 파괴되더라는 것이다. 너무나 끔찍해서 혼났다고 했다. 내가 무슨 꿈이길래 그렇게도 무서웠느냐고 물어봤더니 정말 황당한 내용이었다.
　"할아버지, 꿈에 하얀 트럭들이 빨간 상자를 가득 싣고 줄지어 달려가는데 갑자기 땅이 꺼졌어요. 그래서 그 많은 트럭들이 땅 속으로 빨려 들어갔어요. 놀라서 눈을 떴더니 꿈이지 뭐예요."
　"어젯밤에는 하늘에서 별들이 지구로 마구 떨어지는 꿈을 꿨어요. 별들이 떨어지니까 땅이 막 갈라지고 불길이 솟았어요. 사람들이 불을 피해 막 도망을 갔어요."

"응, 그랬었구나, 네가 우주전쟁 영화를 많이 봐서 그런가 보다. 그런데 꿈에서 본 것은 모두 반대라고 생각하면 된단다. 세계가 파괴되는 것은 세계가 새롭게 태어나는 것이고, 별이 떨지는 것은 하늘에서 하나님이 지구를 위해 보석을 내려보내시어 지구가 더 살기 좋은 곳으로 되는 것 같단다."

내가 그럴듯하게 해몽을 해주는데 옆에서 듣고 있던 할머니가 한마디 거든다.

"윤준아, 네가 키가 크느라고 그런 꿈을 꾸는 모양이다. 그런 꿈은 키가 크는 꿈이니 자주 꿔도 좋단다."

아내의 이런 해석은 그 옛날 나의 할머니께서 내게 해주시던 말씀과 똑 같았다. 그런데 이 말을 들은 녀석은 정색을 하고 아주 심각한 얼굴로 나에게 질문을 한다.

"할아버지, 그렇잖아도 큰 고민이 하나 있는데요. 왜 나는 키가 다른 친구들처럼 크지 않는 거예요?"

"아니다. 너는 지금도 키가 크고 있는 중이란다. 할머니 말씀대로 그러니까 키 크는 꿈도 꾸는 것이 아니겠니? 유치원에서 보니 너보다 약간 큰 아이도 있지만, 너보다 작은 아이도 많더구나."

"아니예요. 나보다 작은 아이는 나보다 한 살 어린 동생들이예요."

"할아버지, 혹시 나는 성장판이 닫힌 건 아닌가요?"

"아니 네가 성장판을 어떻게 아니?"

"엄마한테 들었어요. 누나는 성장판이 닫히지 않아 키가 큰데요."

"그랬느냐? 하지만 너도 성장판이 닫힌 게 아니란다."

"그래도 더 이상 크지 않으면 어떻게 하죠?"

"그럴 리가 없다. 너는 6살 때보다 10cm나 더 컸지 않니? 그러니 내년에 가면 올해보다 더 큰 것을 알 수 있을 것이다. 그리고 키가 크려면 우선 지금처럼 밥도 잘 먹고, 잠도 일찍 자고 일찍 일어나며 운동도 잘 하면 된단다."

"네, 알겠어요."

녀석은 자신의 미래에 대한 꿈도 이야기 한다. 자기는 커서 반드시 장군이 되겠다고 한다. 그리고는 자신이 아들을 낳으면 아빠는 할아버지가 되고 할아버지는 증조할아버지가 되는 것이 맞느냐고 묻는다. 그렇다고 말해주자 할아버지의 아버지와 엄마의 이름이 무어냐고 묻고는 다시 자기한테 고조할아버지와 고조할머니의 함자와 함께 그분들의 모습에 대해서도 꼬치꼬치 캐어 물어본다. 내가 족보를 펴놓고 선대의 행적에 대해 일일이 설명을 하자 녀석은 오는 추석에 자기도 산소에 꼭 데려다 달라고 한다.

그래서 내가 물어보았다.

"너는 이 할아버지와 할머니가 하늘나라에 가면 산소에 자주 찾아오겠느냐?"

"그럼요, 산소에 꽃도 심고 자주 뵈러 갈거예요. 할아버지 증손자도 데리고 갈 텐데요. 그런데 할아버지와 말을 못해서 어떻게 하죠?"

"그게 걱정이냐?"

"그래요. 그럼 나 혼자 말할 수밖에 없겠네요. 할아버지는 하늘나라에서 내가 하는 말을 들어 보세요."

우리 내외는 그 말에 한바탕 호탕하게 웃을 수 있었다.

셋.
철학자가 된 손자

막내 손자가 오늘 초등학교 입학식에 다녀오더니 뜬금없이 철학적인 질문을 한다.

"할아버지, 인생은 누가 만드는 거예요?"

"그게 무슨 말이냐?"

"응, 인생을 누가 만들어 가느냐 하는 거예요."

"그야, 하나님이시지."

"땡, 틀렸어요."

"그럼 누가 인생을 만들어간다는 말이냐?"

"그건요. 인생은 자기가 만드는 거예요."

"어째서 그렇게 생각하느냐?"

"내 인생은 내가 만들고 내가 책임을 져야지요."

"허, 참, 그 녀석, 우리 집에 철학자 한 명 나왔구나."

나는 녀석에게 차근차근 질문해 나갔다.

"그런데 네 인생이 어땠는데 그러느냐?"

"응, 내 인생은 잘못 산 것 같아요."

"뭐? 네가 무슨 인생을 잘못 살았다는 것이냐?"

"태권도장에서 친구들에게 '바보'라고 했는데, 나중에 보니 내가 바보였어요. 그래서 미안하다고 했어요. 그리고 앞으로는 그렇게 말하지 않기로 했어요. 이제 초등학교에도 들어갔으니 말을 조심해서 해야겠어요."

나의 질문은 계속 됐다.

"그런데 어디서 무슨 말을 들었기에 그런 생각을 한 것이냐?"

"나 혼자 생각한 거예요. 초등학생이 되니 그런 생각이 드네요. 그런데 할아버지, 철학자가 무어에요?"

"응, 철학자란 공부를 스스로 많이 한 사람이란다. 너는 아직 잘 모르겠지만, 철학자는 배운 것도 많지만 지혜가 많아 이 세상을 살 때 현명하게 생각하고 행동하는 사람이란다. 그래서 철학자의 두 가지 인생의 목적은 첫째가 진리를 발견하고, 둘째는 착한 일, 즉 선을 실천하는데 있다고 한단다."

내 말이 너무 어려웠던지 녀석은 좀 더 쉬운 말로 다시 설명해달란다.

"그래, 네가 말한 대로 인생을 살아가는데 필요한 지혜를 사랑하는 것을 철학이라고 하는데, 인생이 진리를 발견하는 노력을 하지 않으면 가장 큰 불행과 타락 속으로 떨어진다고 한다. 그런데 철학을 하는 것은 단순히 인생의 진리를 알기 위해서만이 아니고, 착한 일을 실천하는 것이 큰 목적이란다. 다시 말해 네가 말한 대로 올바르게 행동하고 바르게 살기 위해 철학을 하는 것인데, 만약 나쁜 말을 한다면 그것은 철학이 아니란다."

한참을 귀담아 듣던 녀석이 다시 말을 이어간다.

"할아버지, 내가 잘못 살았다고 생각하고 친구들에게 미안하다고 한 것은 바르게 사는 것이지요?"

"그렇단다. 그게 바로 생활철학인것이다. 너는 초등학교에 들어갔으니 말을 더 조심하고 바르게 살기로 했다고 했는데, 그게 할아버지가 말하는 철학적인 생각이고 행동이란다. 바로 그런 것을 위해 우리는 철학을 하는 것이란다."

이어서 나는 프랑스의 계몽사상가 볼테르가 말한 철학의 목적에 대해 알기 쉬운 말로 다시 손자에게 설명해주었다. 그리고 철학의 어원도 이야기해주었다.

"철학은 필로소피아 (Philosophia) 라고 하는데, 이 말은 지혜 (Sophia)를 사랑한다(Philo)는 뜻이란다. 이것이 철학의 정신이다. 먼 옛날부터 공부를 많이 한 학자들이 인생의 지혜를 찾고 진리를 탐구해 왔는데, 그들이 찾아 낸 지혜와 진리의 내용은 다 다르지만, 인생의 참을 찾는 그 목표는 같았단다. 너는 위대한 철학자가 될 자질이 많구나. 바르게 살고 착한 일을 많이 하길 바란다."

" 네, 알았어요. 할아버지. 고맙습니다."

넷.
유식한 손자

여름방학 중이다. 아이들의 방학이 되면 손자를 돌봐야 하는 세상의 모든 할아버지, 할머니라면 아마 1년 중 가장 바쁜 시간을 보내게 될 것 같다. 우리 집에도 초등학교 1학년짜리 막내 손자가 있어서 요즘은 우리 내외가 외출도 맘대로 못하고 꼼짝없이 온종일 손자한테 매어 살고 있다. 손자가 유치원에 다닐 때만 해도 방학 기간이 짧아 그럭저럭 지낼 만 했으나 초등학생이 되어 방학 기간이 길어져 한 달 정도를 같이 시간을 보내다 보면 여간 힘든 것이 아니다.

우리 집 손자는 따로 살고 있지만, 제 부모가 모두 직장에 나가야 하니 토, 일요일을 제하고는 1주일이면 닷새는 매일 아침 9시부터 저녁 9시까지 우리 내외가 맡아 돌봐야 한다. 며칠 전 부터는 학원들이 개원해서 녀석이 학원에 가 있는 3시간 만이라도 쉴 수 있는 여유가 생겨 여간 다행스러운 일이 아닐 수 없다.

하지만 녀석에겐 이번 여름방학이 초등학생이 되어서 처음 맞는 방학이어서 되도록이면 방학 기간을 뜻 있게 보내도록 해야겠다는 생각을 했다. 그래서 평소 가보지 못했던 과학관이나 박물관, 또는 기념관과 영화관 등에 하루걸러 한 번씩 데려가고 있다. 그러다 보니 녀석과 많은 대화를 나누게 되었고, 그런 가운데 녀석이 속담이나 사자성어 등을 아주 유효적절하게 사용 하고 있었음을 발견하곤 한다.

한 번은 백화점 서점에 들렀을 때인데, 녀석이 과학책을 한 권 고르더니 내가 곧바로 집으로 가자고 해도 부득불 장난감 코너로 가자고 조른다. 그래서 할 수 없이 장난감 코너로 가는 데 녀석이 혼잣말로 "참새가 방앗간을 그냥 지나치는 것 봤느냐"고 한다. 그래 내가 "뛰는 놈 위에 나는 놈있다"고 했더니 "왜 못된 송아지 엉덩이에 뿔난다고 하시지 그러셨어요." 하고 깔깔대며 웃는다.

이처럼 녀석의 속담 인용은 아주 적재적소에서 이뤄지고 있었다. 나는 녀석이 중간에 목이 마를 것 같아 미리 준비해 갔던 주스병을 따서 주었더니 "찬물도 위아래가 있다"면서 할아버지부터 먼저 드시고 달란다. 그 말에 "너 같은 손자를 얻게 된 것은 마치 모래밭에서 바늘을 찾기보다 더 어려울 것이다"라고 했더니 "가재는 게 편이 아닌가요?"라고 말한다.

하도 기특해서 도대체 너는 속담을 몇 가지나 알고 있느냐고 물어보니 한 50개 정도는 안단다. 그러면 뜻은 다 아느냐고 했더니 뜻도 모르고 어떻게 사용하느냐면서 의아한 눈으로 나를 빤히 쳐다본다. 내가 다시 그 많은 속담을 어떻게 배웠느냐고 했더니 누나가 쓰던 속담 책을 읽어봐서 안다고 했다.

손자는 사자성어도 빈번하게 사용하고 있었다. 엊그제는 매미를 잡으러 공원에 갔다가 날씨가 너무 덥다면서 "이 찜통더위가 언제쯤 물러갈 것 같으냐"고 물어왔다. 그리고는 매미는 자기가 잡을 테니 할아버지는 노인이니까 일사병에 걸리지 않게 나무 그늘에서 편히 쉬고 계시란다. 그래서 내가 너무 더우니까 마트에 가서 아이스크림이라도 사먹자고 했더니 "이런 더운 날에 매미를 잡으려고 나온 것은 '이열치열'로 찜통더위를 이겨보자는 생각이 아니었느냐"고 반문한다.

어제는 이런 일도 있었다. 태권도장에서 연습을 끝내고 나오더니 "친구하고 말다툼을 했는데 친구 입장에서 생각해 보니 아무래도 자기가 잘못 한 것 같아 사과했다면서 그게 바로 '역지사지' 아니냐"고 말한다. 그런데 그 말은 어디서 듣고 사용하는 것이냐고 물었더니 태권도장에서 배웠단다. 녀석의 한자 실력은 유치원 때부터 집에서 천자문을 배운데다 태권도장에서 매 주에 나눠주는 가정통신문을 통해 가르치는 사자성어를 익힌 결과인지 꽤 수준이 높아진 편인 것 같다.

녀석은 시적 감성도 남다른가 보다. 며칠 전 아침에 함께 외출을 하는데 아파트 정원 나뭇가지에서 새들이 날아다니며 '짹짹' 거리자 한다는 소리가 "아. 새들의 노래소리가 평화롭군요."라고 했다. 또 한 번은 한낮에 소나기가 줄기차게 내리는데 창가에서 밖을 바라보면서 "목마른 대지에 뿌려지는 한 방울의 물이 얼마나 귀한 것인지를 알 것 같다"고 하는 게 아닌 가. 이쯤 되면 거의 시인의 경지에 다다른 것이 아닌지 모르겠다.

녀석은 가끔 우리 내외에게 넌센스 퀴즈를 내줘서 당황하게 만든다. 그 덕분에 늘 집안에 웃음꽃이 만발한다. 한 번은 녀석이 "사과가 웃으면?" 하고는 얼른 대답을 못하자 "할아버지, 박사가 그것도 몰라요?"하면서 "정답은 풋사과죠"라고 하며 아주 신나게 웃는다. 할머니에게는 "사자로 국을 끓이면?" 하고는 할머니가 "동물의 왕국 아니니?" 하니까 "할머니, 따로 공부했어요?" 하면서 "할머니가 박사네" 하며 너스레를 떤다. 그럴 때마다 손자 바보인 우리 내외는 한바탕 즐겁게 웃을 수 있게 된다. 오늘도 무덥지만 유식한 손자 때문에 엔돌핀이 많이 나온 하루였다.

다섯.
10대가 된 막내손자의 생각

 2018년 개띠 새해가 됐다. 갑자기 어머니가 그리워져 고향에 내려가려고 했다. 마침 방학이어서 매일 아침부터 우리 집에 와 있는 손자에게 넌지시 물었다.
 "할아버지가 내일 천안에 가서 네 증모할아버지, 할머니 산소에 다녀오려고 하는 데 같이 가지 않을래?"
 손자는 생각도 않은 듯 즉시 대답한다.
 "그래요? 같이 가요!"
 "괜찮겠니? 이 추위에"
 "응, 괜찮아. 추우니까 내가 할아버지를 모시고 다녀와야지"
 "네가 날 모시고 간다고?"
 "그럼요. 할아버지, 내가 이래 바도 10대라고요. 그리고 할아버지는 노인이잖아요."
 그래서 우린 전철로 고향에 내려갔다. 천안 조카가 기다리고 있다가 차를 태워줘 부모님 산소엘 찾아갔다. 녀석은 신이 나서 앞장서서 걸어갔다. 난 녀석을 놀라게 하기 위해 산길을 조금 걷다가 말했다.

"길을 가다보면 뱀이 숨어 있다가 갑자기 튀어나올지도 모른다. 옆을 잘 살피면서 걸어가거라."

"에이, 할아버지, 날 속이려고 그러지? 겨울엔 뱀들도 겨울잠을 자서 괜찮다는 걸 다 알아요."

결국 내가 오히려 당한 꼴이 됐다.

"넌 그런 걸 어떻게 다 아니?"

"할아버지도 참, 내가 10대라고요"

또 한 번 10대임을 강조 한다.

천안 큰집에서 조카며느리가 싸준 농산물을 들고 나와 두정역에 도착하자 손자는 예외 없이 구내매점으로 가잔다. 과자를 사고 싶은 모양이다. 물 한 병과 과자를 고르자 환송 나온 녀석의 고모부가 대금을 지불해준다. 그 때 녀석이 말한다.

"고모부 감사합니다. 이 신세는 나중에 꼭 갚겠습니다."

나도 놀랐지만 매점 사장님도 놀랐나보다.

"아니 네가 언제 커서 그 신세를 갚겠다고 그러느냐?"

사장님의 말이 끝나기가 무섭게 녀석이 대꾸한다.

"저는 누구처럼 그렇게 배은망덕 하는 사람이 아니거든요. 저도 이제 10대라서 다 안단 말입니다."

매점 안에 있던 사람 모두가 한 바탕 웃었다.

엊그제였다. 며느리가 퇴근길에 손자를 데리러 왔다. 와서 하는 말이 "윤준이가 저를 보고 '할아버지 할머니한테 꾸중 듣지 말고 좀 잘하라'고 해요. 어머님이 무슨 말씀 하셨어요?" 하고 묻는다.

내가 말했다. "그래? 며칠 전에 태권도 가방에 속옷도 빠뜨리고 안 넣었기에 한 마디 했더니 그걸 꾸중하는 소리로 들었나 보구나."

"그랬군요. 사실은 그날부터 나이도 한 살 더 먹고 해서 스스로 챙기는 버릇을 키우려고 안 챙겨주고 본인이 챙기라고 했거든요."

"그랬구나. 난 그런 뜻이 있는 줄도 몰랐다. 그럼 좀 미리 이야기하지 그랬느냐"

그래도 그 때 내가 그런 말을 하니 윤준 이는 당장 "엄마는 돈 버느라 바빠서 그런 거야"라며 "할아버지가 이해해요"라고 하더라. 옆에서 대화를 듣던 할머니가 한 마디 거든다.

"어디 자식 없는 부모는 서러워서 살겠느냐, 안 그러냐? 어이구 내 새끼 예쁘기도 해라" 하면서 녀석을 얼싸 안는다.

그런 경우는 또 있었다. 지난해 11월 손자의 9살 생일이 다가왔다. 손자는 며느리에게 생일날 친구들을 초대하고 싶다고 말한다. 며느리가 그러마고 약속한다. 손자는 무척 좋아했다. 내가 물었다.

"그렇게도 좋으냐?"

"네, 이번 생일이 10대가 되기 전 마지막 생일이잖아요? 그러니까 성대히 치러야지요."

그런데 며느리가 바빠서 친구를 초대하는 생일잔치가 몇 차례 미뤄졌던 모양이다. 손자가 불평했다.

"엄마는 정말 미워요."

"무엇이 그리 미운 거냐?"

"약속을 세 번이나 미뤘잖아요? 친구들도 이젠 놀려요. '너 생일이 있긴 하니?'하고요"

"그랬구나, 친구들을 할아버지 집으로 초대하면 안 되겠니?"

"안돼요. 친구 엄마들도 오시거든요"

"그럼 엄마를 야단쳐야겠구나, 왜 아이와 한 약속을 안 지키느냐고 말이다"

"괜찮아요. 그냥 두세요. 우리들 먹여 살리느라 바빠서 그런 것이겠지요."

이처럼 엄마에 대해 불평하다가도 제3자가 뭐라고 하면 녀석은 극구 엄마를 감싸고돈다.

나는 전철을 타고 오는 동안 이어령 선생의 '80초 생각 나누기'라는 글에서 읽은 이야기를 해주었다.

"할아버지와 손자가 밭에서 콩을 심고 있었단다. 손자가 흙에 구멍을 내면 할아버지는 콩 세알을 넣고 흙으로 덮곤 했단다. 손자가 물었다. '할아버지. 구멍 하나에 콩 한 알만 넣으면 되지 왜 세 알을 넣으세요?' 그러자 할아버지가 뭐라고 대답했는지 아느냐?"

"모르겠어요. 뭐라고 하셨는데요?"

"응, 할아버지가 하시는 말씀이 콩 세알 중 한 알은 하늘을 나는 새가 먹고, 또 한 알은 땅에 사는 벌레가 먹는단다."

"그럼 나머지 한 알은요?"

"그래 그 나머지 한 알이 자라면 콩이 주렁주렁 열리고 그걸 사람이 먹는 거란다라고 하셨다."

"그게 무슨 뜻이예요?"

"그건 말이다. 우리 우주는 내가 사는 혼자만의 우주가 아니고 동. 식물이 함께 살아가는 것이라는 뜻이지. 또 이런 정겨운 모습에서 우리는 세대를 뛰어 넘어 온 우주를 함께 바라볼 수 있는 맑은 눈과 참된 진리를 얻을 수 있단다."

"좀 어려워요. 쉽게 이야기해주세요."

"그래, 알았다. 결국 우주는 동. 식물과 사람이 함께 사이좋게 사는 곳이라는 것이지."

"그뿐만이 아니다. 한 가지 더 말한다면 아까 말한 그 할아버지의 오랜 경륜을 이 이야기에서 알아볼 수 있다는 점이다."

"경륜이 뭐예요?"

"응, 경륜이란 오랜 경험과 윤리적인 생각과 행동을 말한단다. 여기서 윤리란 착한 일을 하는 것이지. 예를 들면 거리에 휴지 안 버리기라든가, 침 안 뱉기, 또는 어른을 공경하기 등과 같은 것이란다. 그 할아버지의 삶 속에서 터득한 자연의 섭리, 즉 자연의 이치라고나 할까? 대단한 것이 아니겠니?"

한참을 쉬운 말로 설명해주었더니 녀석은 알아들었다고 하고는 하품을 한 두 번 하더니 내 무릎을 베고 금방 잠이 들었다.

여섯.
손자의 꿈 이야기

　오늘은 손자가 갑자기 꿈 이야기를 꺼낸다. 지난 밤 꿈에서 파랑새 세 마리가 식탁 의자에 앉아있는 꿈을 꾸었다고 한다. 그래서 아침에 아빠한테 꿈 이야기를 했더니 '참 좋은 꿈'이라고 했다고 전한다. 하지만 왜 좋은 꿈인지 말해주지 않아 무척 궁금하다면서 할아버지가 해몽해달란다. 나는 손자에게 꿈에 본 파랑새에 대해 좀 더 자세히 설명해보라고 했다.
　손자는 꿈에 아침을 먹으려고 식당으로 갔더니 아무도 없고 식탁 의자에 세 마리의 파랑새가 앉아 지저귀고 있더라는 것이다. 내가 물었다.
　"새가 어떻게 생겼더냐?"
　"응, 그게 몸빛이 선명한 청록색이고 머리와 꽁지는 검은색이었는데 부리와 다리는 붉은 색이었어요. 그런데 날개는 푸르고 흰무늬를 하고 있었어요."

"자세히도 기억하는구나. 맞다. 그게 파랑새였구나."

나는 손자에게 파랑새에 대해 좀 더 설명을 해주었다.

"네가 꿈속에서 본 파랑새는 실제로 이 세상에 있는 새란다. 몸 길이는 보통 30cm 정도 되는데 여름 철새로 우리나라를 비롯해서 일본 중국 등지에서 살고 있단다. 지금은 멸종위기의 새로 알려져 있어서 눈에 잘 뜨이지 않는다고 한다. 그런데 동양에선 이 새를 신화(神話) 속 상상의 동물로 생각하기도 했다. 왜냐하면 얼굴은 사람인데 몸은 새의 모양을 했다고 상상했던 것이지. 그래서 신조(神鳥)라고도 하고 영조(靈鳥)라고 불렀단다. 그러니 그 꿈은 분명 좋은 징조 즉, 길조(吉兆)란다."

손자의 질문이 쏟아졌다.

"할아버지, 그럼 내가 좋은 꿈을 꾸었다는 말이네요."

"그렇지"

"그런데 아까 말씀하신 신조는 뭐고 영조는 뭐에요?"

"응, 신조란 신과 같은 새라는 뜻이고, 영조는 역시 신령과 같은 귀한 새라는 뜻이란다. 그러니까 우리 인간들에게 기쁨과 희망을 가져다주는 새라고 생각한 것이지. 그러나 서양에선 파랑새를 행복을 부르는 새로 생각했다. 왜 너도 들어서 알고 있겠지만 어린이 극인 '파랑새' 말이다"

"아, 동화극 '치르미르'와 '미치르' 이야기요?"

"그래"

"그 이야기 좀 해주세요."

"네가 말한 '치르미르'와 '미치르'가 아니고 아동극 파랑새의 주인공의 원래 이름은 '틸틸'과 '미틸' 이란다. 그게 일본어로 번역된 것을 우리가 그대로 옮겨온 데서 그렇게 된 것이란다."

"아, 그렇군요. 아동극 내용이 뭔데요?"

"아동극은 이름이 '파랑새'지. 벨기에 문학가 모리스 메테를링크라는 분이 1906년에 쓴 동화인데 모스크바, 파리, 뉴욕 등 전 세계에서 커다란 성공을 거두며 공연되었단다. 이 극은 영화로도 각색되기도 했다. 이 극은 '이상한 나라의 엘리스'나 '해리 포터'와 같이 아이들의 풍부한 꿈의 세계를 그리고 있다."

손자는 먼저 이야기의 줄거리를 알려달란다.

"그래, 알았다. 이야기는 소년 틸틸과 소녀 미틸에게 어느 날 늙은 요정이 찾아오면서 시작된다. 요정은 한 아픈 아이의 행복을 위하여 파랑새가 필요하다며 남매에게 파랑새를 찾아 줄 것을 부탁하지. 요정은 틸틸과 미틸에게 다이아몬드가 박힌 모자를 건넸지."

"그래서요?"

"그러자 모자를 쓴 아이들의 눈앞에 신기한 광경이 펼쳐졌어. 늙은 요정이 젊고 아름답게 보였고, 우유, 사탕, 빵 이런 것들과 고양이, 개의 영혼까지 볼 수 있게 되었지. 그러자 남매는 그들 영혼들과 함께 파랑새를 찾아 떠난단다. 추억의 나라에 도착해서 돌아가신 할아버지와 할머니를 만났지. 하지만 거기선 파랑새는 찾을 수 없었다."

"그래서 어떻게 됐어요."

"응, 그래서 밤의 궁전으로도 가보았지, 하지만 그곳에도 역시 파랑새는 없었어. 이어서 숲과 묘지, 미래의 왕국을 전전하지만 그곳에서도 파랑새는 찾을 수 없었단다. 결국 빈손으로 집에 돌아왔지, 그리고 틸틸과 미틸은 영혼들과 작별할 수밖에 없었단다. 다음 날 아침에 잠에서 깨어서 집안에 있는 새장을 보니, 아, 글쎄 그 안에 들어있는 새가 바로 파랑새였던 거야. 그래서 반가운 마음에 새장을 열었는데 그만 그 순간 파랑새는 멀리 날아가 버렸단다."

그러면 이야기 속의 파랑새는 뭐냐고 묻는다.

"맞춰봐라"

"행복?"

"맞았다. 남매가 파랑새를 찾아 여기저기 헤매지만 결국 집안의 새장에서 파랑새를 찾게 되는 모습을 통해 우리의 행복은 먼 데 있는 것이 아니라 가까운 데 있다는 메시지를 준거지."

"할아버지, 내 꿈속의 세 마리 파랑새는 아빠, 엄마, 누나인 것 같던데"

"그래, 맞아, 그 세 사람이 너의 가족 아니니, 그러니까 가족들이 모두 행복이라는 것이지."

손자는 왜 그럼 파랑새가 날아갔느냐고 묻는다.

"행복이란 파랑새를 손에 넣더라도 그건 오래 동안 소유할 수 없다는 것이지. 그러니 우리는 진정한 행복을 위해서 파랑새를 오래 갖기 위한 꿈을 늘 꾸는 것이란다."

"그렇다면 행복이라는 파랑새를 갖기 위해 매일 꿈을 꿔야겠어요."

"그래야지."

내 설명은 이어졌다.

"사실 우리들은 그 꿈을 이루기 위해서 하루하루 살아가는 것이란다. 이런 의미에서 꿈꾸는 것 자체가 바로 행복이라 할 수 있지. 또 이 동화는 행복이 멀리 있는 게 아니라 우리 주변에, 아주 사소한 일상 속에 있다는 것을 일깨워준다고 했지. 맑은 공기를 마시고, 눈으로 아름다운 자연을 보고, 너처럼 부모의 사랑을 받으면서 학교에 다닐 수 있다는 것. 그 자체가 바로 행복이라는 것을 알게 해주는 것이란다."

"할아버지, 왜 '소년들이여, 꿈을 가져라' 는 말이 있잖아요?"

"그래 있지."

"영어로 Boys, be ambitious! 말이지요?"

"그래 너도 아는구나."

"꿈을 가지라는 말이잖아요."

그러면서 손자는 이 말을 누가 누구에게 한 것이냐고 묻는다.

"약 80여 년 전이다. 너도 할아버지와 가족여행을 갔었던 일본의

삿뽀로 라고 있지? 그곳에 있는 대학에서 청년들을 교육시키던 미국인 윌리암 크라크라는 식물학 교수가 한 말이다."

"그는 1년이라는 계약 기간이 끝나 미국으로 돌아가면서 학생들에게 그 유명한 말을 해주었단다. 그때 크라크 교수의 말을 들은 학생들은 꿈과 비전을 갖게 됐고, 나중에는 일본을 근대화시키는 정신적인 지도자로 성장했다고 한다. 그때만 해도 일본인들은 전쟁의 폐허로 인해 모두가 꿈을 잃은 시대에 살고 있었지."

내 말을 열심히 귀담아 듣던 손자가 굳은 표정으로 한마디 한다.

"우리도 그런 꿈을 꾸어야겠어요."

"그래, 남북이 자유통일이 되어서 아름다운 금수강산에서 바르게 사는 꿈을 꾸어야지"

"할아버지의 해몽을 들어보니 결국 내가 꾼 꿈은 아주 더없이 좋은 꿈이었네요."

"물론이지."

옆에서 듣고 있던 할머니가 한 마디 거든다.

"윤준아. 할아버지의 해몽이 꿈 보다 더 좋은 것 같구나."

"할아버지, 그런 거예요?"

"마음대로 생각하렴."

우리는 한바탕 소리 내어 웃었다.

일곱.
성공적인 인생

　올해 대학에 입학한 손녀가 코로나로 집에서 온라인 수업만 받다가 기말고사가 끝난 지난 금요일에야 처음으로 대학에 가 본 모양이다. 주말에 우리 집에 온 손녀는 묻지도 않았는데 학교에 갔다 온 이야기를 하면서 소감을 묻는 나에게 '왠지 모르게 가슴이 뿌듯했다'고 했다.
　"처음 뵙는 교수님들과 학우들이 얼마나 반가운지 눈물이 날 지경이었어요" 역시 신입생다운 소감이었다.
　"그래, 기말고사는 잘 봤느냐?"
　"네, 할아버지, 아직은 확실하지 않지만 '올 A'는 받을지도 몰라요"
　"올 에이는 받을지도 모른다니 그게 무슨 뜻이냐?"
　"응, 그게 A+로 나가다가 한 과목이 A이어서 전체 올 A+가 안 되는 것 같아요."

"오, 그렇구나, 그럼 공부 열심히 잘 했구나."

녀석은 대학에 들어가서도 열심히 공부하지만, 아르바이트도 해서 2학기 등록금을 마련하고 있다고 말했다.

"무슨 아르바이트를 하는데 네가 등록금을 스스로 마련하겠다고 하니?"

"초등학생들 가르치는 일이예요."

"그렇구나, 아동복지와 심리 쪽을 공부하니 가능하겠구나. 대학에 들어가서 자립심을 스스로 기르고 있다니 대견하기만 하구나."

"그런데 할아버지, 할머니와 내주 주말에 시간 좀 내주세요."

"그게 무슨 소리냐?"

"그동안 아르바이트해서 돈을 많이 벌었는데, 그걸로 두 분 점심에 맛있는 것 사드리고 싶어서요."

나는 손녀의 말을 듣고 속으로 효손 나왔다고 기뻐하면서도 점심 사겠다는 말은 정중히 거절 했다.

"윤정아, 그래, 네 말은 참으로 고맙다. 이런 기특한 손녀를 두었다니 얼마나 행복한지 모르겠다. 하지만 맛있는 점심은 네가 그동안 수고했으니 내가 사주마. 너는 그 돈을 네 용돈으로 쓰면 좋겠다."

하지만 손녀는 안 된단다. 나중에 대학 졸업해서 취직하면 더 맛있는 것 사드리고 이번엔 비싸지 않은 음식으로 꼭 대접해야한다고 떼를 쓴다.

　결국 우리 내외는 손자까지 데리고 가서 두 녀석들과 동네 음식점에서 돼지 갈비를 먹었다. 그리고 뒤에 따로 용돈을 주었다. 옆에서 지켜본 손자 윤준이가 한마디 한다.

　"누나는 좋겠네. 용돈 받아서. 나도 대학에 들어가면 아르바이트 해서 할아버지 할머니한테 맛있는 것 사드려야지."

　"그래, 공부를 열심히 해야 좋은 대학에 들어간다."

　"네, 알았어요. 할아버지."

　식사하면서 내가 손녀에게 물었다.

　"윤정아, 네 학교를 처음 설립한 분이 누구신지 아니?"

　"아니, 몰라요."

　"전혀 이야기를 들은 적이 없다고?"

　"네, 전혀 못 들었어요."

　"그럼 나도 다른 사람한테서 들은 이야기지만, 지금부터 아는 대로 말해줄까?"

　"네, 해주세요."

　다음은 내가 아는 대로 들려준 숙명여자대학교의 설립자에 대한 이야기다.

　충남 예산에 꽃같이 어여쁜 처녀가 살고 있었다. 이 처녀가 17살에 연지곤지 찍고 시집을 갔는데 시집 간지 2년 만에 그만 서방님이 갑자기 세상을 떠났단다. 그러던 어느 날 그녀는 긴 머리칼을 사정없이 잘라버리고 자신의 기구한 운명을 헤쳐 나갈 방도를 곰곰이 생각했다. 그리고 무작정 서울 행 열차에 몸을 실었다. 처음엔 서울생활이 힘들었지만, 이를 악물고 식당에서 설거지도 하고 남의 집 빨래도 하는 등 닥치는 대로 일했다.

어느 정도 서울 물정에 눈을 뜨게 되었을 때였다. 지인의 소개로 어느 부잣집 가정부로 들어가게 됐다. 그녀는 그 집에서 죽기 살기로 일했고, 마음씨 좋은 주인 어르신으로부터 인정을 받았다고 한다. 주인 어르신은 "젊은 나이에 무엇이든 하고 싶은 게 있으면 말하라"고 해서 "늦었지만 공부하고 싶다"고 했더니 "그것 참 기특한 생각이라"며 야간 학교에 넣어 주셨다. 그녀는 낮에는 가정부 일을 하면서 밤에는 학교에서 열심히 공부했다. 옆에서 밥을 먹던 윤준이가 끼어든다.

"주경야독(晝耕夜讀)했군요."
"그래, 네 말이 맞다."

학교에서는 이 여학생의 뛰어난 실력과 성품을 인정해서 유학을 보내준다. 유학을 마치고 돌아온 그녀는 총독부 장학사로 일하다가 용산구 청파동에 학교를 세운다. 그가 바로 숙명여자대학 초대 학장이 된 엄숙자 선생님이다. 그 분은 숙명여대를 성장시켰을 뿐만 아니라 불굴의 의지로 자신의 운명을 바꾼 위대한 인물이다.

"식모살이에서 대학 총장까지 된 사연은 참으로 놀라운 일이 아닐 수 없지 않니?"

"성공적인 인생이네요."

"그녀는 늘 학생들에게 고난을 잘 이겨내야 무슨 일이든 능력을 발휘할 수 있다고 가르쳤단다. 사람은 누구나 잠재된 능력과 무한한 가능성이 주어져 있지. 그것을 찾아내는 것은 자신의 몫이고"

"이 이야기를 친구들에게도 전해 줄래요. 그리고 자신부터 능력을 찾아내야겠어요."

"나중에 박사학위를 취득하면 학생들을 지도할 때 능력을 발휘해 보거라."

윤준이가 한마디 거든다.

"누나도 공부해서 총장까지 해봐"

여덟.
생애 최고로 값진 크리스마스 선물

외출했다가 집에 돌아와 현관문을 열고 들어서는데 언제 와 있었는지 손자가 달려 나오면서 내게 자그마한 선물 상자를 내민다. 이게 무어냐고 묻자 녀석은 '미리 크리스마스'라고 답한다. 아니 '메리 크리스마스'가 아니고 왜 '미리 크리스마스'냐고 하자 진짜 크리스마스는 아직 멀었으니 '미리 크리스마스'란다.

나는 거실 소파에 앉자마자 선물 상자를 풀었다. 두 겹이나 정성껏 싼 선물 상자에는 이름 있는 상표의 고급 가죽 장갑 한 켤레가 들어있었다. 언뜻 보기에도 꽤 비싼 제품 같았다. 입고리가 귀에까지 올라갈 정도로 기뻤지만 6학년 초등학생으로는 너무 비싼 선물을 준비한 것 같아 손자에게 미안한 마음이 들었다.

"나는 좋은 선물을 받아 좋다만, 네가 무슨 돈이 있다고 이렇게 비싼 선물을 장만했느냐?"고 물었더니 녀석은 그동안 할아버지가 주신 용돈을 모아서 샀다고 한다.

내가 "그런데 어찌 장갑을 고르게 되었느냐?"고 하니 엊그제 할아버지가 외출 하실 때 장갑을 잃어버려 한 짝만 끼고 나가시는 걸 보고 장갑을 사드리기로 했다는 것이다.

"그래, 고맙다, 내 팔십 평생 받은 크리스마스 선물 가운데 올해 네가 사준 장갑이 내겐 가장 값진 크리스마스 선물이 구나"

녀석은 내가 만면에 웃음을 띠며 장갑을 끼어 보이며 "너무 좋다"고 하자 "할아버지가 기뻐하시니 다행이라"고 말한다. 그러면서 내게 크리스마스에 얽힌 이야기를 들려달라고 한다. 나는 주저하지 않고 이야기꾼이 되었다.

"10년도 더 지난 이야기이다만, 내 기억으로 한 신문에 크리스마스와 관련된 웃어넘길 수 없는 기사가 실린 일이 있었다. 호주의 남부 뉴 사우스에 있는 한 초등학교에서 일어난 일인데, 선생님이 어린이들에게 '크리스마스 전날 밤에 선물을 배달해 준다는 산타클로스 할아버지는 모두 사람들이 꾸며낸 이야기'라고 했다고 한다. 그러면서 그 산타할아버지는 모두 부모님이고, 선물도 부모님들이 주는 것이라고 했다는 것이다."

"그래서 어떻게 됐어요?"

"그런데 선생님으로부터 이런 이야기를 듣고 집에 돌아간 아이들은 하나같이 혼란스러워 했으며, 괜히 부모들에게 화를 내거나 밥을 먹으면서 안 하던 반찬투정을 하기도 했다고 한다. 결국 그

선생님은 학부모들의 항의로 처벌을 받았다고 한다. 크리스마스의 참뜻을 되새겨 보는 계기를 마련한 사건인 셈이지."

"너는 산타크로스가 진짜 있는 게 아니라고 안 것이 언제였느냐?"

"아마도 3학년 때 일거에요."

"어떻게 알게 됐지?"

"아빠가 선물을 사 오는 것을 본 뒤였지요"

"아하, 그랬구나! 문헌에 보면 예수 그리스도를 기려 고통받는 사람들을 돕는 행사는 서기 350년 경부터였다고 한다. 터키 지중해 연안에 살던 성(聖) 니콜라우스 주교는 불우이웃을 돕고 어린이를 귀여워하는 할아버지로 소문났었다."

"그분이 산타였나요?"

"그런 셈이지. 그분의 이야기가 퍼지면서 유럽에서는 가난한 이웃을 돕는 니콜라우스 할아버지가 수 없이 나타났다. 17세기에 이르러서는 미국으로 건너간 네덜란드 사람들에 의해 니콜라우스 할아버지는 산타클로스 할아버지로 이름이 바뀌었다고 한다."

"아하, 그런 거였군요."

"한 번은 니콜라우스 주교가 돈이 없어 결혼을 못하는 세 자매를 도우려고 그들이 잠든 사이 금반지를 창문으로 던져 넣었는데, 그게 그만 벽난로 옆에 말리려고 걸어둔 양말 속으로 들어갔지 뭐니,

그래서 크리스마스를 기다리는 양말은 여기서 유래 됐단다."

"그런 재미있는 사연이 있었군요. 그럼 크리스마스트리는 언제부터 만들었나요?"

"그건 이런 이야기가 전해온단다. 독일의 한 가난한 어머니가 크리스마스 전날 밤 아무도 모르게 아이들을 위해 작은 선물을 마련해서 나무에 매달아 놓고 잠을 잤단다. 밤사이 거미 한 마리가 나무 가지에 줄을 치자 아기천사가 안타까워서 거미줄을 금빛으로 물들였다고 한다. 아침 햇살에 비친 모습이 얼마나 아름답고 찬란했겠느냐. 그때부터 크리스마스트리를 장식하는 습관이 이어졌단다."

"그런데 크리스마스트리에 쓰는 나무는 우리나라가 원조라고 하던데요?"

"그렇단다. 구상나무 화분은 연말이면 가장 인기 높은 상품 중 하나지. 전체 모양이 균형 잡힌 원뿔형인 데다, 잎의 앞면은 초록색이고 뒷면은 은백색으로 아름답단다."

"조상이 한라산 구상나무라던데요?"

"네가 어떻게 아느냐?"

"얼마 전에 신문에서 읽었어요."

"그랬구나. 한국 자생종 구상나무는 전 세계적으로 크리스마스트리로 가장 사랑받는 나무란다. 100년 전부터 서양에 알려졌는데 한라산과 지리산 등에 분포되어있다. 구상나무라는 이름은 제주도 방언 '쿠살낭'에서 유래됐는데, '쿠살'은 성게, '낭'은 나무라는 뜻이지. 잎이 가지에 달린 모양이 성게처럼 생겨 붙은 이름이란다."

"크리스마스 카드도 있었지요?"

"있었지. 그런데 요즘은 잘 사용 않고 메시지로 보내더라. 하여튼 크리스마스 카드는 1875년 처음 사용됐는데, 루이스 프랭이라는 독일계 미국인 인쇄공이 편지 쓸 시간을 아끼려고 같은 내용의 크리스마스 편지를 인쇄한 것이 시초라고 한다. 1904년 덴마크의 우체국 직원 마이너 호보엘은 어린이병원 건축기금을 마련하는데 우편 옆에 실(seal)을 한 장 더 붙이자는 아이디어를 내서 기금 모금을 대 성공으로 이끌었다고도 한다."

"3년 뒤인 1907년 미국 델라웨어 주 적십자 여성회원 에밀리 비젤은 결핵환자를 돕기위한 방안으로 덴마크의 실을 활용하자고 제안했는데, 이것이 채택되면서 크리스마스실이 탄생되었다. 한 가지 더 너 크리스마스 꽃인 포인세티아의 원산지가 어딘지 아니?"

"몰라요."

"1828년 멕시코에 파송되었던 미국인 조웰 로버트 포인세티아 목사가 이 꽃을 병문안 선물용으로 처음 썼다고 한다. 그가 귀국하면서 캘리포니아 주 센디에이고에 이 꽃나무를 옮겨와 심으면서 크리스마스 장식 꽃으로 애용되기 시작했단다. 크리스마스 유래와 풍습에는 이처럼 수고하고 무거운 짐 진 자들을 사랑으로 치유해 보자는 참 뜻이 있다는 것을 알아야 할 것이다."

"네, 잘 알겠습니다."

"여하튼 네 크리스마스 선물은 정말 고맙다. 원래 선물은 목적이 있어서 주는 게 아니고 그냥 주고 싶어서 주는 것이다. 구태여 목적을 찾는다면 받는 사람을 기쁘게 하는 것이지. 선물은 받는 순간의 기쁨도 크지만 주는 기쁨이 더 크지. 할아버지는 우리 손자에게 무얼 선물할까?"

"할아버지가 저를 사랑하시는 마음이면 돼요."

"그것이면 되겠느냐?"

"그럼요."

녀석은 그렇게 말하고 내게 다가오더니 어깨를 주물러 준다.

아홉.
손자만의 계산법

　우리 집 막내 손자가 좋아하는 음식은 비교적 한정되어있는 편이다. 제일 선호하는 음식이 닭튀김 등 닭을 소재로 가공한 것이고, 다음으로 좋아하는 음식은 돼지갈비 구이 등 돼지고기류이다. 세 번째는 생선회다. 그 중에도 연어회덮밥을 무척 좋아한다. 그런데 녀석은 이상하게도 밖에 나가 이런 종류의 음식을 사서 주면 좋아하면서도 가끔은 집에서 할머니가 해주시는 밥이 제일 좋다고 한다.
　녀석이 다니는 학원은 내가 사는 아파트 상가에 있어서 매일 같이 학교에서 수업이 끝나면 태권도 차를 타고 학원에 와서 저녁 7시반 까지 국. 영. 수 과외와 태권도 훈련을 한다. 그 뒤 우리 집으로 와서 목욕하고 식사를 하고는 적어도 1시간가량 쉬었다가 아들이나 며느리가 와서 데려가곤 한다. 손자에게 음식을 사다 주거나 목욕시키고 숙제를 돕는 일은 모두 내 몫이다.

이런 일상은 녀석이 유치원에 다닐 때부터 지금까지 계속되고 있다. 이 때문에 나는 되도록 저녁 약속을 잡지 않는다. 오늘도 나는 평소와 같이 손자가 학원 공부를 마치는 시간에 맞춰서 찾아가 음료수를 전달하고 저녁 메뉴는 무얼 먹겠느냐고 묻고 왔다. 녀석의 대답은 대개 '아무거나'라고 말한다. 내가 재차 물으면 그때서야 '통닭' '회덮밥' '돼지갈비' '닭튀김' 중 하나를 골라서 말한다.

 오늘은 손자가 '닭튀김'을 먹고 싶다고 한다. 내가 "알았다"고 말하고 집으로 돌아오려고 발길을 돌릴 때였다. 녀석이 "할아버지, 잠깐" 하고 발을 멈추게 했다.

 "왜, 무슨 일이냐?"

 녀석은 잠시 뜸을 드리더니 이렇게 묻는다.

 "할아버지, 오늘 사주신다는 닭튀김 말예요. 할아버지가 직접 가게로 가셔서 사 오시는 건가요, 아니면 배달을 시키는 건가요?"

 "그건 왜 묻니?"

 "궁금해서요."

 나는 속으로 "그 녀석 참 싱거운 녀석이구나." 하고 생각하면서 말을 이어갔다.

 "배달시키려고 한다. 이제 됐니?"

 "아, 잘 됐어요."

 "뭐가 잘 됐다는 거니?"

"그게, 으응, 바람도 많이 불고 날씨도 추워졌는데 할아버지가 걸어가셔서 사 오신다면 힘드시니 그냥 배달시키시라고 말씀 드리려고 했어요."

"그거였니? 할아버지를 그렇게 생각해주니 고맙다."

갑자기 울컥 해진다. 손자 돌봐주는 재미가 바로 이거구나 생각하니 금방 가슴이 훈훈해진다.

나는 발길을 얼른 집으로 돌렸다. 그리고 집으로 오면서 이 사려 깊은 손자의 이야기를 아내에게 빨리 전해주고 싶어 걸음을 재촉했다. 집에 도착해 대문을 열자마자 아내를 찾았다.

"여보, 어디 있어요?"

"왜요, 여기 주방에 있어요."

나는 단숨에 아내한테 달려가 방금 손자와의 대화내용을 들려주었다. 아내 역시 "감복해서 눈물이 나온다."고 했다. 손자를 데리러 온 아들에게도 말했더니 "제가 낳은 아이지만 보통 착한 녀석이 아닌 것 같다"며 기쁜 표정이다.

우리 집에는 이번 학기부터 외손자가 같이 살고 있다. 군에서 제대 후 복학을 했는데 사위가 지방 근무를 하게 돼 서울 집은 전세를 주고 관사에 거주하게 됐기 때문이다. 외손자는 코로나로 인해 모든 과목이 온라인 수강이고 1주일에 한 번은 등교해 실습을 한다. 외손자는 자연스럽게 한 때 윤준이가 쓰던 방을 사용하게 되었다.

그런데 하루는 윤준이란 녀석이 태권도장에서 오더니 방 문제를 가지고 나름대로 자신의 의견을 개진하는 것이다.

"할아버지, 정오 형이 내 방을 쓰는 거예요?"

"그렇다. 학교를 졸업할 때까지만 쓴단다. 왜 무슨 문제라도 있느냐?"

"아니에요. 그럼 형은 공짜로 방을 쓰는 거예요?"

"무슨 뜻이냐?"

"방값을 내고 쓰는지 아니면 그냥 공짜로 쓰는지 몰라서요."

"식구끼리 공짜라는 말이 어디 있니? 그냥 당분간 할머니 집에서 살고 졸업하면 제집으로 가는 거지."

아무리 설명해주어도 이해를 못하겠다는 표정이다.

윤준이는 형이 쓰는 방문을 열어보더니 책상과 침대가 새로 놓여 있는 것을 보고는 "하숙생이군!"하고는 "할아버지. 방값 받으세요."라고 한다. 나는 "어떻게 손자가 와서 당분간 사는데 돈을 받느냐"고 말하면서 "네가 와서 먹고 자도 돈 안 받는 거나 마찬가지다"라고 설명해주었다.

그러자 녀석의 말이 나를 놀라게 했다.

"할아버지가 나는 친손자니까 나중에 이 집은 내게 주신다고 하셨어요. 형은 대학생이니까 돈이 없을 테고 고모부한테 사용료를 내라고 하면 되겠어요. 그게 '경제원리' 예요"

녀석의 설명은 맞는 것 같은데 참으로 무서운 데가 있는 녀석이다.

며칠 전 내 생일날이었다. 토요일 저녁에 아들네 식구들과 저녁 식사를 하기로 했다. 딸네는 지방에 살고 있어 일부러 올라오지 말라고 했다. 금요일 저녁에 아들이 왔기에 어디서 식사를 할 계획이냐고 물었다. 지난번 아내 생일 때 갔던 시내 모 호텔 양식당이 어떠시냐고 묻는다. 그러면서 예약을 하겠다고 하기에 내가 반대했다. 이유는 음식 값도 비싼데다 코로나 때문에 사람들이 너무 붐비는 곳은 피하자고 했다.

그래서 집에서 가까운 노량진 수산시장 내에 있는 단골 일식집으로 가기로 했다. 사실 내 속 마음은 막내 손자가 워낙 생선회를 좋아해서 녀석이 좋아하는 음식을 먹이고 싶어서 그랬다. 내가 식당을 횟집으로 정하자 옆에서 가만히 듣고 있던 녀석이 갑자기 "얏호!"하면서 좋아한다.

내가 물어봤다.

"윤준아, 왜 그렇게 좋아하니?"

"맛있는 회를 실컷 먹을 수 있어서요."

그러더니 녀석은 별안간 자신은 30살 안에 장가를 가야겠다고 한다. 모두들 녀석의 갑작스러운 '선언'에 주목한다. 그 때 며느리가 한 마디 한다.

"윤준아. 너 어제까지만 해도 장가는 안 가겠다고 했잖아. 그런데 왜 지금 그런 말을 하는 거야?"

나도 한마디 했다.

"엄마말대로 그게 무슨 소리냐? 네가 지금 12살인데 30살이 되기 전에 결혼해야 한다니"

"네 맞아요. 할아버지"

"왜 그런 생각을 한 것이냐?"

"앞으로 20년 후면 할아버지가 100살이 되세요. 그러니까 그 전에 결혼해서 증손자를 안아보시게 하려구요."

"아, 그런 깊은 생각이 있었구나. 그런데 내가 그때까지 살 수 있겠니?"

"할아버지도 참, 요즘은 100세 시대예요. 100살까지 사실 수 있어요. 아니 그 이상도요. 할머니도 그렇고요."

"네 말은 고맙다만, 그게 맘대로 되는 게 아니다 .인명재천(人命在天)이란다."

"제가 기도하고 있어요. 염려하지 마세요."

녀석은 정말로 진지한 표정이었다. 식구들은 모두 녀석을 경이로운 눈빛으로 처다 보는 것 같았다.

지난달에는 녀석이 태권도장에서 쌍절곤 운동을 하다가 부주의로 자신의 고환 부위를 다친 모양이다. 처음엔 별일 아닌 줄 알았으나 시간이 지나면서 고통을 호소하기에 대학병원 응급실로 가서 MRI를 찍어봤더니 속으로 피가 고여 수술을 받아야 한다고 했다. 그래서 3일간 입원하면서 수술을 받았다. 담당 의사 선생은 퇴원하는 날 "수술이 잘 됐으니 한 3일 정도 집에서 쉬면 곧 학교에 가도 된다"고 말했다.

그때였다. 녀석이 의사 선생에게 묻는다.

"선생님, 고자가 되는 것은 아니지요?"

나도 아들 내외도 깜짝 놀랐다.

"그럼, 아무 염려마라. 이상이 없다. 안심해도 된다"

의사 선생은 녀석의 머리를 쓰다듬어 주시며 격려해주었다. 내가 윤준이에게 물어봤다.

"윤준아, 고자가 뭔지는 알고 그런 질문을 하느냐?"

"왜 몰라요. 고자가 되면 아이를 못 가진데요. 할아버지가 제일 걱정하시는 것 아닌가요?"

"허참, 그 녀석, 사람은 생명이 더 중요하지 그것은 차후 문제란다."

"역시 우리 할아버지예요."

"그러니까 앞으로 운동할 때는 정신 바짝 차리고 해라. 운동선수들조차 방심하다가 부상을 입는 일이 많더라."

"네, 조심할게요. 장씨 대(代)를 끊기는 일이 있어서는 안 되니까요."

"고맙다"

아들이 끼어든다.

"아버지 기분 좋으시겠어요."

"그래. 오늘 기분이 아주 좋구나. 그러니 오늘 저녁은 내가 쏘마. 식구들은 손자가 좋아하는 돼지갈비 집으로 자리를 옮겨 오랜 시간 담소했다.

제4부
소소한 일상의 이야기

하나.
생각이 깊어가는 손자

요즘 10살짜리 막내 손자가 갑자기 철학자가 되었다가 철저한 생활인이 되기도 해서 나를 어리둥절케 한다. 무슨 말을 할 때나 행동을 할 때면 생각을 깊이 했다가 실천으로 옮기곤 하는 것 같다. 바로 어제 있었던 일이다. 태권도장으로 마중을 나갔다가 집으로 돌아오는데 하늘에서 빗방울이 떨어지기 시작했다. 지나가는 비지만 때 아닌 겨울비였다.

우리는 걸음을 빨리하여 집으로 왔다. 그런데 녀석이 천천히 가자면서 한마디 한다.

"이렇게 비 오는 날이면 부침개를 부쳐 먹는 것 아닌가요?"

내가 물었다.

"네가 그걸 어떻게 아니?"

"학교에서 선생님이 하시는 말씀을 들은 적이 있어요."

"그랬구나! 별걸 다 기억하고 있구나."

내 핀잔에 녀석이 한 마디 덧붙인다.

"할아버지, 할아버지는 부침개 부치면 생각나는 게 없으세요?"

"무슨 생각 말이냐?"

"왜 있잖아요. 막걸리라든가."

"허. 그 녀석, 별걸 다 아는구나."

"그런데 할아버지. 술은 많이 드시지 마세요. 오래 오래사셔야하지 않아요."

"그래, 알았다. 네 말대로 막걸리는 딱 한 잔만 하겠다."

"우리 할아버지 철드셨네. 하하하~"

 그날 집에 들어와 샤워를 하던 녀석이 수건으로 몸을 닦으면서 하는 말이 걸작이다. 어떻게 생각하면 철학자 같은 말을 한 것이다. 내가 오늘 공부할 구몬 책을 가져왔느냐고 물었더니 가방에 있을 거라고 대답하더니 느닷없이 "인생은 괴로움의 연속이야"라고 말하지 않는가. 그래서 내가 다시 물었다.

 "네가 인생을 어떻게 알고 그런 말을 하느냐?"고 했더니 녀석은 태연 하게 사람들이 사는 게 힘든 게 아니냐?"고 반문한다.

 그래서 내가 "어떻게 그런 생각을 다 하게 됐느냐?"고 채근하자 그냥 해본 말이란다. 그러면서 할아버지도 살아오시면서 힘들었을 때를 한 번 되돌아보시라고 넌지시 말한다. 나는 녀석이 올 들어 몸도 마음도 많이 자랐다는 것을 느끼면서 한편으로 나에게 살아온 인생길을 반추 할 좋은 계기를 준 것 같아 고맙기까지 했다.

어제 하루는 녀석이 할아버지 호주머니 사정을 걱정해준 날로 기록될 것 같다. 자초지종은 이렇다. 목욕탕을 같이 갔다가 밖으로 나오는데 길거리에서 오징어 굽는 냄새가 코를 찌른다. 참새 방앗간 지나치지 않는다고 녀석이 코를 쿵쿵대더니 오징어 냄새가 구수하다고 말한다. 내가 한 마리 사줄까 하고 말했더니 그냥 집으로 가잔다.

집에 가까이 오자 이번엔 아파트 상가 식당에서 갈비 굽는 냄새가 진동한다. 시장했던지 녀석이 또 한 마디 던진다.

"야, 이거 갈비 굽는 냄새 아냐? 왜 이렇게 군침을 흘리게 하는 거야?" 한다. 내가 녀석의 손을 잡아끌면서 먹고 싶으면 들어가자고 했더니 이번에도 그냥 가잔다. 그리고는 집에서 할머니가 맛난 저녁밥을 준비하셨을 텐데 얼른 가자고 내 손을 끈다.

저녁을 먹고 나서 한참 후 녀석이 서재로 들어오더니 "좀 전에 할아버지가 오징어나 갈비를 사주신다고 하셨을 때 내가 왜 그냥 가자고 했는지 아느냐"고 묻는다.

"글쎄다. 왜 그랬는데?"

"사실은 그 땐 무척 먹고 싶었지만, 할아버지가 목욕을 하면서 돈을 너무 많이 쓰셔서 그랬어요."

"그런 깊은 뜻이 있었구나. 알았다. 앞으론 네가 좋다면 무조건 사주마."

"아니 예요. 신경 쓰시지 마세요."

지난 금요일이었다. 매주 금요일이면 녀석이 우리 집에서 잔다. 그리고 다음날 오후에 며느리가 데리러오면 간다. 그래서 그날도 당연히 우리 집에서 잘 줄 알았다. 그런데 그날은 저녁을 먹다 말고 제 집으로 데려다 달란다. 왜 그러느냐고 물었다. 녀석의 생각이 깊었다.

그날 아들이 외국에 출장 중이었고, 손녀는 친구들과 영화를 보러 나간 모양이다. 그런데 며느리가 독감에 걸려 직장에도 못나가고 집에서 요양 중이었단다. 녀석이 나에게 말했다.

"할아버지, 아빠는 출장 중이고, 누나는 영화 보러 친구들과 나갔데요. 그래서 아픈 엄마 혼자 있어요. 그러니 저라도 가서 엄마를 간호해야 해요. 저 좀 태워다 주세요."

그래서 며느리에게 전화를 걸어 손자의 뜻을 이야기 해주었다. 며느리는 제 아들이 엄마를 간호해야 하니 데려다 달랜다고 말했다고 하니 좋아서 어쩔 줄을 모른다. 그리고는 손자를 바꿔달라고 해서는 엄마는 괜찮으니 할아버지와 할머니를 기쁘게 해드리라고 한 모양이다. 그때서야 손자는 밥을 마저 먹고 숙제를 하면서 또 "인생은 고행"이라고 혼잣말처럼 중얼거린다.

그래서 내가 녀석을 데리고 잠시 다음과 같이 인생에 대해 짧게

나마 이야기를 해주었다.

"윤준아, 인생은 말이다 힘들다고 생각하면 비극이 되고, 즐겁다고 생각하면 희극이 된단다. 그러니 늘 즐겁다고 자기 최면을 걸면서 살아가면 항상 행복하단다. 그리고 촌음을 아끼라는 말이 있지? 인생은 그리 긴 것이 아니고 짧기 때문이란다. 그래서 열심히 공부하고 틈만 나면 이웃을 칭찬하고 사랑해야 하는 것이란다. 알겠니?"

"네"

둘.
소소한 일상 이야기

　며칠 전 일이다. 코로나 사태로 회사의 구조조정을 해야 하는 아들이 신경을 너무 쓴 탓인지 몸살이 난 모양이다. 우리 집 부근의 병원에 들른 아들은 나온 김에 태권도 학원에서 올 막내 손자를 픽업해 데리고 가겠다면서 우리 집에 왔다. 아들은 손자가 오자 같이 아내가 차려준 저녁을 맛있게 들고는 집으로 가면서 우리 내외에게 외출은 되도록 자제하시고 혹시 외출 하실 때는 대중교통은 이용하지 마시라고 신신 당부한다. 물론 코로나를 의식한 말이다.

　손자는 그날 제 아빠가 몹시 피곤해 보였는지 괜찮으시냐고 몇 번이나 물어본다. 다음날 이었다. 손자는 다른 날처럼 태권도 학원에 갔다가 우리 집에 왔고, 저녁에는 며느리가 손자를 데리러 왔다. 손자는 제 엄마가 우리 집에 들어서자마자 대뜸 다급한 목소리로 묻는다.

　"엄마 아빠 좀 어때?"

"응, 괜찮으셔. 오늘 아침 약 드시고 회사에 나가셨어."

그 때다. 손자가 눈물을 글썽인다. 며느리가 놀라서 묻는다.

"아니, 윤준아, 왜 그래? 왜 울어? 아빠가 걱정됐는데 괜찮다고 하니까 그래?"

"응"

"그랬어? 우리 아들 효자네. 아빠가 무척 걱정됐던 모양이구나. 아빠 괜찮아 걱정하지 마"

엊그제였다. 그날은 총선 하루 전날이었다. 아침에 일어나 샤워를 하고 거실로 나와 보니 아내가 소파에 앉아 눈을 감고 있었다. 기도하는 것도 아니고 그렇다고 잠을 자는 것도 아닌데 좀 이상해 보였다. 식탁을 보니 이미 아침상은 차려져 있었다. 보통은 아내가 아침상을 다 차리면 서실에서 조간신문을 보고 있는 나를 조반이 다 준비됐다고 부르곤 했다. 그런데 그날은 상을 다 차려놓고도 아무 말이 없었다. 나는 아내에게 다가가서 아침 같이 들지 않겠느냐고 물었다.

그 때 아내는 힘없는 목소리로 자신은 좀 있다 먹겠으니 먼저 드시라고 한다. 나는 겁이 덜컥 났다.

"당신 어디 아픈 것 아녜요?"

"아녜요. 조금 있으면 좀 괜찮아질 거예요."

"왜 그러는데?"

"혈압이 너무 낮아서 그래요."

"혈압이 얼만데?"

"위가 75고 아래가 45예요."

"뭐예요? 그럼 진즉 날 깨워야지. 지금이라도 병원 응급실로 갑시다."

"왜 이렇게 서둘러요. 괜찮다니까. 이미 약도 먹고 홍삼도 먹었어요."

"괜찮겠어요?"

나는 계속해서 대학 병원에 가자고 권유했다. 하지만 아내는 본인이 약사인지라 이미 조치를 다했다고 한다. 그래도 걱정이 됐다. 얼마 전 친구의 부인이 저혈압으로 먼저 멀리 떠난 일을 알고 있어서다.

그날은 아침 식사를 하고 아내에게 바람이라도 쐬자며 차를 몰고 강변북로를 타고 남양주로 달려갔다. 한강물이 흐르는 강변에 '초대'라는 한정식집이 있어 강바람이라도 쏘이고 나면 좀 좋아질 것 같아서였다. 역시 아내는 차를 타고 가는 동안 기분이 상쾌해졌다고 했다.

음식점에 도착해 보니 의외로 손님이 많았다. 코로나사태로 음식점이 텅텅 비었을 것으로 생각했으나 사정은 사뭇 달랐다. 봄꽃을 구경할 수 있는 곳마다 사회적 거리두기정책 때문에 폐쇄가 되자 사람들이 갈 곳이 마땅치 않은지 이렇게 먼 곳까지 오는 것 같았다. 식사를 하고 몇 시간가량 쉬었다가 손자를 맞이해야 해서 집으로 돌아왔다.

그날도 태권도장에서 손자가 돌아오는 시간에 마중을 나갔다. 오는 길에 손자가 묻는다.

"할아버지, 오늘 저녁 반찬은 뭘까?"

내가 어두운 표정으로 대답했다.

"윤준아, 오늘은 할머니가 편치 않아서 그냥 생선구이에 집에 있는 반찬을 준비하는 것 같았다. 그러니 그냥 밥맛으로 밥을 먹는 게 좋을 것 같다"

손자는 의아한 눈빛으로 내게 묻는다.

"할머니가 어디 아프셔?"

"그래, 혈압이 갑자기 낮아져서 좀 힘드신 모양이다"

"그래요? 저혈압이란 말이죠?"

"그래, 그런데 너는 어떻게 저혈압이란 용어를 쓰느냐?"

"그거야 상식이지요. 그런데 할아버지, 할머니가 음식을 너무 싱겁게 드시는 거 아녜요?"

"그래, 그런 것 같다만,"

"저혈압은 나트륨이 부족해서 그래요. 그러니까 좀 짜게 드시게 하세요."

"허허 네가 의학에 대해서도 아는 게 많구나. 그런 걸 어디서 배웠니?"

"책에서요. 엄마가 사다준 과학책에 나와요. 인체의 비밀이란 항목에서요."

"그랬구나. 그러다가 나중에 의사가 되겠다고 하는 것 아니니?"

"안 그래요. 과학자가 될래요."

"그래. 의사라는 직업이 얼마나 힘든데, 지수 아줌마나 상위 엄마 좀 봐라. 얼마나 고생하느냐. 모든 직업이 쉬운 게 없다만, 특히 인체를 다루는 직업이니 보통 힘든 게 아니지. 그만큼 헌신적이어야 하고."

"할아버지, 이번 코로나 환자들을 치료하는 의사 선생님들과 간호사 선생님들을 보니까 정말이지 존경할만해요. 그 힘든 일을 묵묵히 해내는걸 보니 참말로 대단한 분들이었어요."

"그렇단다. 고마운 분들이지. 그러니 그 공을 사람들이 좀 알아주었으면 한다."

그날 저녁이었다. 며느리가 손자를 데리러 왔다. 며느리가 손자와 함께 저희들 집으로 간 뒤 30분쯤 지나서 아들한테서 전화가 왔다.

"웬일이니. 지금 어디니?"

"집이예요"

"그래? 웬일로, 윤준이는 벌써 어미가 데리고 갔다"

"예, 왔어요. 그런데 어머니는 좀 어떠세요?"

"뭐가 말이냐?"

"윤준이가 제 엄마한테 집으로 오면서 말하더래요."

"뭐라고?"

"할머니가 저혈압으로 쓰러지셨는데 나트륨이 부족해서 그러신 것 같다면서 엄마가 나트륨이 든 음식을 만들어서 갔다드리라고 했데요."

"응, 그거 말이냐? 이젠 좀 괜찮아졌다. 네 어머니가 원래 저혈압이지 않니. 요즘 선거판을 보고 신경을 써서 그런지 혈압이 많이 내려갔다고 하더라"

"아버지, 지금이라도 병원 응급실로 모시고 갈까요?"

"아니다. 지금은 괜찮다고 한다."

아들은 안 되겠다 싶은지 엄마를 바꿔달란다. 아내는 아들을 안심시키고 전화통화를 끝낸다. 내가 물었다.

"아들이 뭐라고 해요?"

"윤준이 한테 듣고 전화했다고 합니다. 오늘 당신이 윤준이 한테 내가 저혈압이라고 해서 녀석이 제 엄마에게 나트륨이 들은 음식을 만들어 할머니에게 갔다 드리라고 했데요. 그래서 알게 된 것 같아요. 그런 얘기는 왜 하셨어요."

"허참, 그 녀석, 효손이 아니랄까봐, 그래서요?"

"그래서 아들이 놀란 모양입디다. 며느리는 내일 반찬 좀 해 오겠데요. 윤준이가 심지가 깊은 녀석이네요. 내일 저녁엔 윤준이가 제일 좋아하는 생선 초밥을 만들어 줘야겠어요. 신통도 하지."

아내는 마냥 행복한 모습이었다.

셋.
손자의 추석맞이

우리 속담에 "더도 덜도 말고 늘 한가위 날만 같아라." 하는 것이 있다. 이는 매일 매일이 이날만 같았으면 좋겠다는 서민들의 소박한 소망을 나타낸 말이다. 추석에는 오곡백과(五穀百果)가 풍성하고, 이날만은 많은 음식을 장만하여 잘 먹고, 즐거운 놀이를 마음껏 할 수 있었기 때문일 게다.

어제 저녁이었다. 유치원에서 돌아온 손자가 서재로 들어오더니 다짜고짜 질문을 퍼붓는다.

"할아버지, 추석이 언제예요?"

"추석 말이냐? 다음 주 일요일이니까 며칠 안 남았다. 그런데 그건 왜 갑자기 묻는 거냐?"

"응, 유치원 선생님이 그러시는데 이번 주 월요일에 추석맞이 예절 교육을 한다고 했어요. 그래서 한복을 입고 오라고 했거든요."

"그랬구나, 무엇을 가르치시려고 하나?"

"어른에게 절하는 법과 송편 만드는 법과 강강술래를 가르쳐 주신댔어요. 그런데 할아버지, 추석은 언제부터 생겼어요?"

"그래, 그럼 지금부터 할아버지가 하는 얘기를 잘 들어두어라. 그보다 먼저 손부터 깨끗이 씻고 오너라. 그러면 할아버지가 추석은 언제부터 생겼고, 놀이는 무엇이 있으며, 추석 음식은 어떤 것이 있는지 들려주마."

"네, 알겠어요. 빨리 해주세요."

"추석은 '한가위' 또는 '가배(嘉俳)'라고도 한단다. 유래는 여러 설(說)이 있으나 신라시대의 풍속에서 비롯된 것으로 많이 알고 있단다. 옛날부터 이날은 일 년 중 가장 중요한 명절로 삼았지. 새 곡식이 익고, 추수가 멀지 않았기 때문이란다. 〈동국세시기〉라는 책이 있는데, 이날 사람들은 닭고기와 막걸리를 이웃들과 나눠먹고 마시며 취하여 즐겼다고 적고 있단다. 여기서 가배는 신라시대에 추석을 이르던 말인데, 한자로 표기되긴 했으나 순수한 우리말로 '가운데' '중간'을 이르던 말로 '보름'을 의미한단다."

"또 한가위는 '가위'에 '크다'의 뜻을 나타내는 말이고, '하다'의 관형사형인 '한'이 붙은 것이란다."

"할아버지, 어려워요."

"알았다"

여기서 나는 동국세시기와 어려운 말을 쉬운 말로 풀이해 주느라 꽤나 힘이 많이 들었다.

"추석은 또 '중추절(仲秋節)'이라고도 부른다. 중추절이라는 것은 가을을 초추, 중추, 종추 등 세달로 나누는데, 음력 8월이 중간에 들어있으므로 붙은 이름이다."

"아, 그랬군요."

녀석은 이야기가 흥미진진한가 보다.

"추석의 유래는 이쯤 해 두고 음식에 대해 이야기하마, 추석엔 네가 잘 먹는 송편과 인절미, 시루떡, 밤단자를 많이 만들어 먹었단다. 아무래도 송편이 대표적인 추석음식이었지. 처녀들은 송편을 예쁘게 잘 빚어야 시집을 잘 간다고 해서 정성들여 송편을 만들곤 했단다. 송편 안에는 꿀과 밤, 깨, 콩 등을 넣어 맛있게 쪄냈다. 이 때 솔잎을 시루 바닥에 깔아 맛으로만 먹는 것이 아니고 후각적 향기와 시각적 멋도 즐겼단다. 지방에 따라선 토란국도 빠지지 않았다. 영동지방에선 송이국을 별식으로 먹기도 했단다."

"이날은 농사일로 바빴던 일가친척들이 서로 만나 하루를 즐기는데, 특히 시집간 딸이 친정어머니와 중간 지점에서 만나 반나절을 함께 회포를 풀고, 가져온 음식을 나눠 먹으며 즐겼다 해서 중로상봉(中路相逢), 즉 '반보기'라고 했단다. 요즘의 이산가족 만나는 것과 별로 다른 것이 없는 것 같다."

놀이는 전국적으로 다양했는데, 강강술래와 소싸움, 닭싸움 등이 있었다. 할아버지의 어린 시절엔 마을 마다 떡메를 치고, 돼지를 잡고, 술밥을 쪄서 제사 지낼 때 쓸 술을 빚고, 옹기종기 앉아 송편을 빚었지. 돼지를 잡고나면 그 오줌보로 공도 찼단다. 윷놀이, 숨바꼭질도 하고, 제기차기, 자치기, 딱지치기로 시간 가는 줄 몰랐단다.

"할아버지, 돼지 오줌보로 공도 차요? 하하하~ 제기차기와 딱지치기는 알겠는데 자치기는 어떻게 하는 거예요?"

"응. 그건 말이다. 나중에 민속놀이 공원에 가서 보여주마. 그런데 오늘날의 추석은 그 시절과는 완연히 다른 풍경이란다. 지금은 아까 말한 의례(儀禮)들이 많이 줄어들었지. 그래도 여전히 귀성 풍습은 남아있어 추석이면 많은 인구가 고향으로 돌아가느라 교통 혼잡을 이루곤 한단다."

"할아버지, 이번 추석에 천안 큰 할머니 한 테 가는 거야?"

"그럼, 가야지. 가서 인사도 드리고 맛있는 송편도 만들어 먹어야지. 그러니 유치원에서 송편 만들고 어른에게 절하는 법을 잘 배워오렴."

"네, 알겠어요. 그런데 증조할아버지 할머니 산소도 가는 거예요?"

"그래 간다."

"그럼 나도 데리고 가요."

"왜?"

"이 손자가 이렇게 컸다고 보여드리려고요."

"그래?, 알았다. 이제 가서 저녁 먹자."

"네!"

추석에 대한 궁금증이 어느 정도 풀려서 그런지 녀석은 콧노래를 부르면서 식당으로 갔다.

넷.
어떤 역사 탐방

추석 연휴 마지막 날이었다. 아들 내외가 아침 일찍 아홉 살짜리 막내 손자를 내게 맡기고 모두 직장에 나갔다. 꼼짝없이 하루 종일 녀석과 씨름을 해야 할 판이었다. 그래서 잠시 생각 해 봤다. 어떻게 하면 손자가 이 연휴 마지막 날을 의미 있게 보내게 할 수 있을까? 그래, 차제에 손자를 역사의 현장으로 안내하자. 생각이 여기에 미치자 손자의 의견을 물어봤다.

"오늘 날씨도 좋은데 할아버지와 어디 같이 가보지 않겠니?"

손자는 즉시 고궁에 가보자고 했다. 오늘까지는 누구에게나 무료 개방된다는 말도 했다.

내가 물어봤다.

"어떻게 그런 좋은 생각을 하게 됐느냐?"

그에 대한 대답에 내가 놀랬다.

"전에 가평에 놀러 갔을 때 할아버지가 그러셨잖아요. 이번 추석 연휴 중에 하루는 덕수궁과 서울시청 광장에 가보자고요. 안 그러셨어요?"

"그래? 이 할아버지가 그랬느냐?"

"그럼요."

"알았다. 내가 깜빡 했구나. 그럼 나간 김에 청계천 광장도 둘러보자"

우리는 금방 의기투합 하여 달랑 물 한 병 챙겨들고 집을 나섰다. 노량진역에서 지하철을 타고 서울시청역에서 내리자마자 곧바로 덕수궁으로 향했다. 대한문 앞에 다다르자 손자가 노점상한테서 태극기를 사 달란다.

"태극기는 무엇에 쓸려고 하니? 집에도 많은데."

"할아버지처럼 태극기 들고 대한문 앞에서 만세 한 번 불러보려고요."

"아니, 뭐라고? 네가 그걸 어떻게 알고 그러니?"

"전에 할아버지가 태극기 들고 여기서 찍은 사진을 페이스 북에 많이 올렸잖아요. 그 때 봤어요. 그래서 나도 한 번 해보려고요."

"네가 그게 왜 그랬는지 알고는 그러느냐?"

"그럼요. 탄핵 반대하고 박근혜 대통령 석방하라고 하셨잖아요."

"하하하~ 참, 애들 보는 데서는 찬물도 못 마신다고 하더니 그게 딱 맞는 말이구나. 그래 어디 한 번 해 보거라."

녀석은 태극기를 들고 한 번 흔들어 본다. 물론 구호도 똑같이 외친다. 주변에 있던 어른들이 박수를 친다. 그러자 녀석은 덕수궁 안으로 들어가잔다. 아이들은 보는 대로 배운다는 말이 맞는 것 같다. 문안에 들어서자 녀석은 질문을 해대기 시작한다.

"태정태세문단세...."

녀석은 왕의 연대를 외워 보이더니 덕수궁은 언제 지었으며 누가 사용했느냐고 묻는다. 그리고 왜 궁궐은 대개 정문이 남쪽에 있는데 이곳은 동쪽에 있는 문을 정문으로 사용하느냐고 한다.

"원래 조선조에서는 네 말처럼 모든 궁궐의 정문을 남쪽에 두었다. 그리고 백성을 가르친다는 의미로 '화'자를 이름에 넣었지. 덕수궁은 임진왜란 후 선조가 사용했는데 본래 정문이 남쪽에 있었고, 문 이름은 '인화문'이라고 했다고 한다. 그런데 대한제국이 출범하고 나서 궁궐의 동쪽이 도시의 새로운 중심지가 되니까 동문인 '대한문'을 정문으로 사용했단다. 이제 안으로 더 들어가 보자."

"그런데 덕수궁은 어떤 임금이 먼저 궁궐로 사용했어요?"

"아까 말 한대로 선조 임금이었지. 고종 임금은 궁궐로 쓰시다가 나중엔 주로 외국 귀빈들을 접견하거나 연회장으로 사용했다고 한다. 여기 좀 봐라. 다른 궁궐과 달리 서양식 건물들이 많지 않니? 개화 이후 서구 열강의 외교관들이나 선교사들이 이 주변 정동 일대에 많이 모여들었기 때문이란다."

우리는 고종의 편전이자 침전으로 사용했던 함녕전과 외국 사신들을 접견하던 덕홍전 등을 차례로 둘러 봤다.

덕수궁을 나와 시청광장으로 갔다. 전국에서 모였다는 아이들이 광장을 가득 메우고 태권도 시범을 보여주고 있었다. 녀석은 태극기를 손에 꼭 쥐고 광장으로 들어가더니 또 '대한민국 만세'를 외친다. 그 광경을 보니 지난해 겨울부터 봄까지 추위 속에서도 군대 동기들과 탄핵반대와 헌정질서를 지키라는 구호를 외치며 거리행진을 하던 생각이 주마등처럼 뇌리를 스쳐갔다.

광장을 누비는 손자를 억지로 붙잡아 청계광장으로 갔다. 프레스 센터 앞을 지날 때 손자는 그 순간을 놓치지 않는다.

"할아버지!"

"왜 그러느냐?"

"여기 할아버지가 다니시던 신문사가 보여요. 맞죠?"

"그래, 맞다. 여기서 할아버지는 대학교수로 가기 전까지 기자로 근무했단다. 이곳에서 늘 '정론직필'의 정신으로 일을 했다."

"그게 무슨 뜻이예요?"

"응, 그건 말이다. 기사를 쓸 때 공정하고 바르게 써야 한다는 뜻이란다."

"아, 그렇군요. 그런데 할아버지. 기자가 더 좋아요? 교수가 더 좋아요?"

"둘 다 좋은 직업이지. 기자는 국민의 알 권리를 충족시켜줄 수 있는 데다 사회의 목탁으로서 역할도 할 수 있어 좋고, 교수는 말이다. 후학들을 잘 가르쳐서 장차 이 나라를 바르게 이끌고 나갈 인재들을 키운다는 점에서 사명감을 느낀단다. 어떤 직업을 갖던 우선은 자기가 하고 싶은 일을 하는 게 좋다고 본다."

"그리고 또 자기의 직업에 충실하면 된다고 생각한다. 알겠느냐?"

"네, 알겠어요. 그런데 좀 어려워요."

"그래, 너는 장차 어떤 직업을 가질 생각이냐?"

"저요? 저는요. 응, 만화가요. 과학을 만화로 그리는 거예요."

"그래? 왜, 그게 하고 싶은데?"

"그냥 좋아서요."

"알겠다. 네가 좋아하는 걸 하면 되겠지"

"왜, 실망이세요?"

"아니다"

청계광장에 도착해서는 물길을 따라 수표교까지 걸어갔다가 오면서 청계천의 과거와 현재를 함께 더듬어봤다. 나는 손자에게 6.25 전쟁 이후의 판자촌과 전태일 군의 분신자살 사건, 그리고 복개됐던 콘크리트 구조물을 걷어내고 오늘날처럼 생명이 살아 숨

쉴 수 있는 개천으로 거듭나게 된 과정들을 알기 쉽게 하나하나 설명해주었다.

　우리는 광화문 부근에서 늦은 점심을 들고 다시 전철로 집으로 왔다. 오는 동안 녀석은 오늘의 역사 탐방이 꽤 고단했던지 내 어깨에 기대어 잠이 들었다. 손에 태극기는 꼭 쥔 채였다.

다섯.
손자의 특별한 어린이날

오늘이 제 98회 어린이날이다. 이날은 어린이들이라면 1년 중 가장 기다려지는 날일 것이다. 이날이야말로 '어린이들의 천국'이기 때문이다. 부모들은 이날만큼은 어린이 위주로 놀아주고 장난감도 사달라는 대로 사준다. 올해는 코로나 19 때문에 야외활동을 자제한다지만, 다행히 어린이공원 등 놀이공원이 문을 활짝 열고 어린이들을 맞이할 준비를 다 해놔서 아이들이 푸른 꿈의 나래를 마음껏 펼칠 수 있었을 것 같다.

우리 집 손자도 예외가 아니다. 녀석에게는 이날이 더욱 특별한 날인 것 같다. 그렇게 소원 하던 '두발 자전거'를 가질 수 있었기 때문이다. 녀석은 약 두 주 전부터 내게 넌지시 두 발 자전거를 타고 싶다고 말했었다. 다른 친구들은 몇 년째 두 발 자전거를 타는데 그동안 겁이 나서 탈 엄두를 내지 못했으나 이제 5학년이 됐으니 자기도 탈 수 있을 것 같다고 했다.

나는 녀석의 말에 할아버지가 이번 어린이날 선물로 두발자전거를 사주겠다고 했더니 녀석이 극구 사양을 한다. 그러면서 할아버지가 자기를 위해 매일 돈을 많이 쓰기 때문에 안 된다고 했다. 내가 물어봤다.

"그럼 누구보고 사달라고 할참이냐?"

"엄마보고 사달라고 할래요."

"그래? 그럼 그렇게 하거라"

그렇게 대답을 하고는 저녁에 며느리가 오면 상의해야겠다고 생각했다.

그날 저녁에 며느리가 녀석을 데리러 왔다. 내가 물어봤다.

"윤준이가 두 발 자전거를 타고 싶은데 내가 어린이날 선물로 사주겠다고 했더니 엄마가 사준다고 극구 사양 하더라"

"네, 그게 어떻게 된 거냐 하면요. 얼마 전에 윤준이가 제 누나보고 자전거를 사달라고 조르는 것을 봤어요. 윤정이가 '돈이 없다'고 하자 전에 할머니가 누나에게 100만 원을 주시는 걸 봤다면서 그 돈으로 사 달라고 하는거에요."

"그래서 어떻게 했느냐?"

"왜 그러는지 몰라요. 그래서 제가 사주겠다고 했어요."

"응 그렇게 됐구나."

그런데 그게 아니었다. 녀석은 한참 전에 나한테 한 말이 있었다.

"할아버지"

"왜 그러느냐?"

"글쎄, 요즘 코로나 때문에 불경기라서 엄마 가게에 오는 손님이 4분의 1로 줄었데요."

"누구한테서 들었느냐?"

"엄마가 아빠한테 하는 말을 들었어요."

"그랬구나. 그러니까 모든 걸 아껴 써야 한다. 알겠느냐?"

"네, 알겠어요."

자전거 이야기는 그 이후에 나온 거였다. 그런데 심지 깊은 아들의 마음을 엄마가 알지 못했던 것 같았다. 그래서 내가 알려주었다.

며느리는 나의 설명에 감복한 모양이다. 아들을 붙잡고 내일 당장 자전거를 사러 가자고 약속한다. 다음날은 부처님 오신 날로 공휴일이었다. 그날 아침 10시쯤 며느리는 윤준이를 데리고 자전거를 사가지고 왔다. 녀석은 신이 나서 우리 집으로 오다가 전화를 걸고는 자전거를 사가지고 가니 날 보고 어디 나가지 말고 자전거 타는 법을 가르쳐 달란다. 나는 녀석에게 우선 말로 하나하나 설명해주고 시승을 시켰다.

녀석은 어쩐 일인지 두 번째 시승부터 자전거를 혼자 타기 시작했다. 놀라운 일이다. 자신도 놀라는 눈치였다. 아파트 공원에서 타다가 점점 단지 내 차도로 나간다. 녀석은 자신이 타는 모습을 촬영해서 아빠 엄마에게 보내주란다. 모두 놀래서 전화를 걸어왔다. 그리고는 그날은 저녁 일찍 와서 온 가족이 자전거 시승 축하 저녁을 함께 들었다.

녀석은 매일 아침이면 제집에서 인터넷으로 학교수업을 듣고는 우리 집으로 달려왔다. 물론 자전거를 타기 위해서다. 그리고는 동네 학원 친구들을 모두 불러내어 함께 자전거를 탄다. 보통 하루 3시간은 타는 것 같다. 그래도 힘들어하는 기색이 없다. 얼마나 즐거웠으면 그랬을까. 어제는 집으로 돌아와서 자랑한다. 이젠 달리면서 엉덩이를 들고 페달을 밟을 줄도 알고 커브에서 급커브도 할 수 있다고 한다. 모두 자기가 터득한 것이란다. 그런 말을 들을 때마다 나는 걱정이 돼서 가슴이 철렁한다.

어제는 자전거를 타기 전에 가방에서 돈을 꺼내더니 제 저금통장에 넣어달란다. 이게 무슨 돈이냐고 했더니 그동안 할아버지와 할머니 엄마 아빠가 주신 돈을 모아놓은 것이란다.

"지금부터 본격적으로 저축을 하려고요. 그래야 자동차를 사지요."

"아니, 벌써 무슨 자동차냐. 운전면허증도 없으면서."

"자동차는 면허증을 딸 수 있을 때 사면 돼요. 그래서 저축하려고요."

"그래 알았다"

녀석은 어린이날도 호텔 뷔페에 가서는 할머니가 주신 돈을 저금해달라고 내게 맡겼다. 그러면서 차를 사면 태워드릴 테니 건강하셔야 한다고 말한다. 대단한 결심 같았다.

여섯.
행복한 귀성길

요즘 주변에서 보면 효에 관한 이야기가 부쩍 많아지고 있는 듯하다. 세상이 혼탁해지고 있는 이 때 매우 바람직한 현상이 아닌가. 그래서 과연 효의 본질이 무엇인가? 현대에서 효는 얼마나 중요한 가치와 의미가 있는가? 어떻게 하는 것이 진정한 효의 실천이냐 하는 등에 대해 잠시 논해 보는 것도 좋을까 한다. 특히 설과 같은 명절 때가 되면 자식 된 도리로서 효에 대해 한 번쯤 생각해 보는 것도 좋을 듯하다.

효를 생각해 보는 것은 인간의 본성이다. 나를 낳아서 키우고 가르치고 보호해 주신 부모에 대해 효의 심정을 갖는 것은 인간으로서 자연스럽고, 또 당연한 일이다. 왜냐하면 효는 휴머니즘의 한 원리요, 덕이기 때문이다.

오경(五經)에 나오는 예기(禮記)에서 증자(曾子)는 효에 대해 세 가지가 있다고 말했다. 큰 효는 어버이를 존중하고 공경하는 것이고, 그 다음은 욕되게 하지 않는 것이며, 그 다음은 잘 봉양하는 것이라고 했다. 효의 본질을 갈파한 지당한 말씀이라고 생각된다.

우리 집 막내 손자가 올해로 9살이 됐다. 초등학교 2학년이 된다. 한동안 옆에서 녀석의 언행을 지켜보면서 나는 효의 본질을 보는 듯하다. 녀석은 초등학생이 된 지난해부터 우리 내외와 외출할 때 보면 언제나 우리 내외를 보도 안쪽으로 걷게 하고 자신은 그 반대쪽으로 서서 걷는다. 우리를 보호하기 위해서란다.

특히 언덕진 길을 오르거나 내려갈 때면 녀석은 무릎이 약간 불편한 할머니 손을 잡고 오르거나 내려간다. 말하자면 유치원생 때까지는 우리가 저를 보호했으나 이젠 녀석이 우리의 보호자가 된 셈이다. 그때마다 내가 "아직은 괜찮다"고 하면 녀석은 "아빠가 길을 걸을 때나 차를 타고 내릴 때는 항상 할아버지 할머니를 보호해 드려야 된다고 말했다"면서 한사코 우리의 권유를 듣지 않으려 한다.

엊그제는 설을 앞두고 녀석이 할머니와 같이 만두를 빚었는데, 다 빚고 나더니 할머니에게 부탁하더란다.

"할머니, 이 만두 좀 저에게 싸주시면 안 되시겠어요?"

"왜 집에 가져가서 먹으려느냐?"

"아니예요. 저는 여기서 먹지만 아빠와 엄마 좀 갖다 드리고 싶어서요."

녀석의 효심이 그대로 묻어난다.

우리 집은 매년 추석과 설 명절이면 아들네와 함께 천안 큰 집으로 내려가 하루나 이틀 정도 지내다 올라오곤 한다. 하지만 올 설에는 아들이 해외 출장을 떠나고 손녀는 대입준비 공부를 한다고 같이 내려갈 수가 없게 됐다. 그래서 녀석에게 물어봤다.

"윤준아, 아빠와 엄마, 누나 가 다 사정이 있어서 이번 설에는 천안에 못 간다고 하는데 너라도 같이 가겠느냐?"

녀석의 대답은 시원스러웠다.

"물론이지요. 당연히 가야지요."

"그래? 어떻게 그런 생각을 했느냐?"

"큰 할머니가 연세도 많고, 또 사촌 고모와 형들을 만나보려고요. 자주 가는 것도 아닌데"

며칠 전 일이다. 녀석이 갑자기 나중에 낳게 될 아이들의 이름을 지어달란다. 처음엔 무슨 소리인가 했다. 그래서 물어봤다.

"윤준아. 왜 갑자기 그런 말을 하느냐?"

"아빠하고 형 누나 그리고 내 이름을 모두 지어줬다면서요? 그런데 내가 장가가서 아이를 낳으면 그 땐 할아버지가 하늘나라에 가 계실 거 아니 예요? 그러니까 미리 지어두려고요."

"그랬구나, 그런데 요즘은 백세시대라고 해서 할아버지도 네가 장가가서 아기를 낳을 때까지 살지도 모른단다. 그러니 그때 가서 지으면 안 되겠니?"

"응, 그러면 되겠네요. 그래도 혹시 모르니까 지어주세요. 아들 이름 하나 하고, 딸 이름 하나씩요."

"그래 알았다"

"그런데 할아버지, 만약에 그때까지 사신다면 내가 책을 지을 텐데, 할아버지와 할머니는 그냥 돈 안 받고 드리겠어요."

"그래, 고맙다. 그런데 할아버지도 너 한 테 부탁이 있단다."

"무언데요?"

"응, 그게 그러니까, 옛날부터 부모에게 효도하는 데는 세 가지가 있다고 했는데, 첫 번째는 부모님을 공경하는 것이고, 두 번째는 부모님들이 자식들의 일로 힘들지 않게 하는 것이고, 세 번째는 부모님을 잘 모시는 거란다. 그러니 너도 밥 잘 먹고, 태권도 열심히 배우고, 학교 공부 열심히 하고, 아빠 엄마 말씀 잘 들어야 하는 것이다. 알겠니?"

"네, 알겠어요. 아빠 엄마도 할아버지 할머니께 잘 하라고 해야겠어요."

"어? 네 아빠와 엄마는 그렇잖아도 아주 잘 하고 있단다."

"그러면 아빠 엄마도 할아버지 할머니한테 효자네요."

"그렇단다."

녀석은 내 말에 만면에 웃음을 가득 짓는다. 여하튼 이번 설의 귀성길은 효손과 함께 하게돼서 어느 때보다도 행복할 것 같다.

일곱.
한층 성숙해진 손자

막내 손자가 초등학교 4학년이 되더니 한층 어른스러워진 것 같다. 엊그제는 녀석이 서재에서 글을 쓰고 있는 나를 찾아와서는 아주 다정하게 '할아버지~' 하면서 대화를 시도한다. 하도 정색을 하며 접근을 하기에 궁금증이 나서 어서 말하라고 재촉하니 '학교에 안 가는 이번 토요일에 찜질방에 같이 가자'고 한다.

그래서 '그날은 아빠하고 골프연습장에 가는 날'이 아니냐고 물었더니 마침 제 아빠가 출장을 가서 못 가게 됐다고 한다. 너무도 간절한 요청이기에 친구 손녀 결혼식에는 인편에 축의금만 보내기로 하고 찜질방에 같이 가기로 했다.

그런데 녀석이 찜질방에 가면 돈이 얼마나 드느냐고 묻는 게 아닌가? 나는 무심코 둘이서 입장료에 점심 먹고 이발하고 때 밀고 하려면 적어도 6만원은 족히 들게 될 거라고 말해주었다. 잠시 후 그 질문이 이상해서 비용은 왜 물어보느냐고 하니 아무것도 아니란다.

금요일 밤을 우리 집에서 할머니와 잔 녀석은 아침상을 물리자마자 핸드폰과 버스카드, 물안경까지 챙기더니 어서 찜질방에 가자고 성화다. 나도 준비를 서둘러 끝내고 막 집을 나서려는 순간 녀석이 '잠깐' 하더니만, 제 주머니에서 5만 원짜리 두 장을 꺼내 내 앞에 내민다. 그러면서 '이 돈으로 경비를 쓰자'고 한다.

녀석의 갑작스러운 행동에 당황해서 내가 물었다.

"아니 이게 웬 돈이냐?"

"응, 그제 아빠한테서 받아놨어요."

"아빠한테서? 뭐라고 하고 받았느냐?"

"아빠에게 말했지 뭐, 할아버지 모시고 찜질방에 가고 싶은데 쓸 돈 좀 달라고."

"그랬더니 이 큰 돈을 냉큼 주시더냐?"

"그럼요. 아빠가 할아버지 모시고 맛있는 것도 사드리라고 했어요."

"효손 나왔구나, 어서 가자."

손자는 집을 나서더니 신이 났는지 휘파람까지 불면서 성큼성큼 앞장서서 걷는다. 한참을 가던 녀석이 갑자기 뒤돌아 오더니 '할아버지~'하면서 그 예의 다정한 목소리로 나를 불러 세운다.

"왜 그러느냐? 어서 앞서가지 않고"

"그런데 할아버지 목욕비와 점심값 등이 6만 원이 든다면 4만 원이 남잖아요? 그건 어디다 쓰려고 해요?"

"그렇지. 왜 그건 너를 주랴?"

"아니고요, 그 돈으로 새 물안경 하나 사주면 안 될까요?"

"그러마. 그리고 남는 돈은 네 저금통장에 넣자"

"야. 신난다"

우리는 찜질방에서 이발도 하고 점심도 먹고 물놀이도 하면서 무려 6시간 정도 놀았다. 녀석은 노는데 지쳤는지 저녁 5시쯤 되니까 이젠 그만 집에 가잔다. 찜질방을 나온 우리는 마을버스를 타고 집으로 향했다. 그런데 두 정거장쯤 지나자 녀석이 배가 고프다면서 저녁을 먹고 가잔다. 집 근처 시장 앞 버스정류장에서 내려 무얼 먹고 싶으냐고 물었다. 초밥이 먹고 싶단다. 가까운 초밥집으로 들어갔다.

녀석이 꽤나 초밥을 좋아하는 터라 오늘은 먹고 싶은 대로 먹으라고 했다.

"할아버지, 그래도 돼요? 돈이 부족하지 않을까?"

"괜찮다. 할아버지가 더 가져온 돈이 있으니 과식은 하지 말고 마음껏 먹어봐라."

초밥이 나오자 녀석은 할아버지부터 드시라면서 젓가락을 들지 않는다.

이날 둘이서 먹은 초밥 값은 4만 5천 원이나 됐다. 계산하는 걸 본 녀석이 나에게 약속한단다. 할아버지가 더 쓰신 돈은 아빠한테서 받아드리겠다는 것이다.

요즘 들어 손자는 전과 달리 우리 내외의 일거수일투족을 늘 관심 있게 지켜보는 것 같다. 이를테면 내가 귀찮아서 면도를 하지 않은 날은 왜 면도를 하지 않았느냐고 묻지를 않나, 서재에서 책을 읽다가 잠시 의자에서 졸거나 하면 어디 편치 않은 것 아니냐고 걱정하는 눈치다. 얼마 전엔 제 할머니가 왼쪽 무릎관절이 시원치 않아 걸음걸이가 빠르지 못하니까 저녁에 할머니 다리를 주물러 주고는 고모가 가져다준 저주파치료를 왜 하지 않느냐고 채근까지 한다.

그 일이 있은 뒤 아내가 거의 한 달간 치료에 전념하는 것을 지켜봤는지 한마디 한다.
"할머니. 고모가 사다 준 기계로 치료하니까 좀 어때?"
"응. 아주 치료가 잘되는 것 같다. 전 보다 한결 걷기가 쉬운 것 같단다."
"그거 봐. 내가 뭐랬어요. 내가 봐도 할머니 걸음걸이가 훨씬 가벼워 보여요."
"그러니? 역시 우리 손자 덕이구나. 우리 윤준이가 어른이 다 됐구나. 할머니는 이제 하늘나라에 간다 해도 걱정이 없는 것 같구나"

"아니. 할머니 그게 무슨 말씀예요? 할아버지 할머니는 증손까지 보셔야 해요."

"할아버지?"

"왜 그러느냐?"

"요즘 사람의 수명이 얼마나 늘어났는지 아세요?"

"글쎄다. 그건 왜 묻니?"

"요즘은 100세 시대라고 하잖아요. 맞지요?"

"그래. 그렇긴 하다마는 사람마다 다르단다."

"그래도 우리 할아버지와 할머니는 120살까지 사실 수 있어요. 그래야 내가 장가가서 아들 낳으면 증손자를 보시지요."

할머니가 대화에 끼어든다.

"그게 마음대로 되니? 모두 하나님이 하시는 일이란다"

"걱정 마세요. 내가 교회 가서 열심히 기도할 거예요."

내가 말을 이었다.

"말은 고맙다만, 그렇게 오래 살면 아빠가 할아버지 할머니 모시느라고 힘들어요."

"아니예요, 그 때는 아빠도 노인이 되어서 내가 모실 텐데요. 걱정하지 마세요. 내가 과학자가 돼서 돈을 많이 벌 거예요. 자신 있어요."

"고맙다. 그렇게 되려면 뭘 잘 해야 되는 지는 알지?"

"그럼요. 공부도 운동도 열심히 할거예요."

말하는 것을 보면 녀석이 많이 성숙해진 것 같다. 나는 천천히 서재로 들어가 처칠 위인전기를 찾아 읽어보라고 건네주었다.

여덟.
내 더위 사가라

아이들은 어른의 행동을 그대로 따라 한다는 말이 헛말은 아닌 것 같다. 필자가 평소 이 정부에 대해 호의적이지 않아서 그런지 손자도 나와 같은 생각을 하는 것 같다. 얼마 전 아들이 사업상 정부 일을 하면서 시가가 만원도 안 되는 기념 배지를 받아온 모양이다. 아들은 그걸 손자가 보는 앞에서 "이 선물은 할아버지께 갖다 드려야겠다."고 말했다가 핀잔만 잔뜩 들었다고 한다. 아들에 따르면 그날 할아버지에게 드린다고 했더니 녀석이 대뜸 "할아버지가 좋아하지 않으실 텐데" 하면서 반대하더란다.

그 말을 전해 듣고 내가 손자보고 하는 말이 "할아버지는 누구를 미워해서 그러는 게 아니고 이 나라가 행여 공산화 되지 않을까 걱정이 돼서 잘못된 나랏일을 바로 잡아주려고 그러는것이란다."고 설명해주었다.

그랬더니 손자가 하는 말이 나를 더 놀라게 했다.

"할아버지. 아빠가 받은 선물이 김영란법에 걸리는지도 모르는데 받아서야 되겠어요? 그리고 아무리 작은 기념품이라지만 정정당당하게 돈을 받고 일을 해주었으면 그만이지 왜 기념품을 받아요?" 하고 바른말을 한다.

어제는 제99주년 3.1절 기념일이고, 광화문 일대에서는 대규모 태극기 집회가 있었다. 나는 아침을 일찍 먹고 집 안 청소를 대충 끝낸 뒤 친구들과 만나기 위해 출타준비를 하고 있었다. 그 때 마침 우리 집으로 놀러온 손자가 현관문 안으로 들어서면서 내가 태극기와 성조기를 챙겨 외투 안주머니에 넣는 것을 보았다. 나는 녀석이 어디에 가느냐고 묻기에 태극기 집회에 다녀오려고 한다고 알려줬다.

아니나 다를까, 녀석은 자기도 가겠다고 따라나선다. "윤준아, 너는 아직도 감기 기운이 많은 데다가 오늘은 할아버지가 친구들과 만나서 점심 식사를 하고 나서 집회에 참가할 것이니 너는 다음에 같이 가면 안 되겠니?" 하고 달랬다. 그러나 녀석은 자기도 같이 가겠다고 고집을 피운다.

"할아버지, 나도 태극기 들고 '공산당이 싫어요.' 하고 소리칠래요. 그리고 점심은 엄마가 준 돈이 있으니까 햄버거 하나만 사 먹으면 돼요"하고 말한다. 한참 실랑이를 하다가 저녁에 일찍 들어와서 오곡밥을 같이 먹으면서 정월 대보름에 대한 이야기를 해주기로 약속하고 간신히 집을 나섰다.

　집회에 참가하고 행진까지 하다가 다리가 아파서 좀 일찍 집으로 돌아왔다. 저녁은 녀석과 함께 오곡밥과 묵은 나물을 넣고 고추장으로 비벼 맛있게 먹었다. 녀석도 고추장이 매운데도 내가 하는 대로 따라서 호호 불면서 밥 한 그릇을 다 먹는다.

　녀석은 밥순가락을 놓자마자 나에게 약속한 대로 정월 대보름 이야기를 해달라고 조른다.

"그래, 그럼 지금부터 정월 대보름 날의 여러 가지 풍속에 대해 이야기를 해줄 테니 잘 들어라"

"네, 알겠어요."

"우선 음력 대보름날은 설날처럼 우리 조상들이 지켜온 가장 큰 명절 가운데 하나라는 것은 알고 있지?"

"그래요? 잘 몰랐는데요."

"우리나라에서 시절에 따라 즐기는 풍속은 1년 12 달 동안 모두 189가지나 된단다. 그러니 우리민족이 옛날부터 얼마나 신명 나게 놀기를 좋아했는지 알 수 있지 않겠니? 그런데 말이다. 그 많은 풍속 중에 정월 한 달에만 세배, 설빔 등 해서 놀이가 78가지나 된다. 또 이 78가지 가운데 대보름날 하루에 지내는 풍속은 윷놀이를 포함해 40가지이니 이날 하루가 1년 중 가장 행사가 많은 날이란다."

"그렇군요. 그런데 할아버지, 왜 그렇게 대보름날에 많은 놀이가 몰려있는 거예요?"

"그럴 수밖에 없었겠지. 우선 농사를 짓는 기간이 아닌 데다 한겨울 추위도 어느 정도 풀리는 시기여서 놀이를 하기에는 아주 좋은 날씨였기 때문일 게다. 특히 우리나라에서는 보름달이 가지는 뜻이 아주 강했단다. 예를 들면 정월 대보름도 그렇고, 다음의 큰 명절인 추석도 보름날이지 않니?"

"그런데 우리나라도 북부지방에선 단오를 더 큰 명절로 지내왔다. 강릉 알지? 그곳에서는 단오제가 대보름보다 더 화려하게 열리는 것이 한 예란다. 대신에 중부 이남 지방에선 백중이라고 음력 7월 보름날인데 그때 씨름판이 벌어지고 그네타기도 하는 즐거운 날이란다. 그때는 밭의 풀을 뽑는 시기도 다 지나고 가을 추수만을 기다리는 한가한 시기라서 그런 놀이가 유행했던 것 같다."

"그런데 왜 우리 조상님들은 태양보다 달을 더 좋아했던 거예요?"

"응, 그건 옛날엔 농사가 으뜸이라고 했었지. 지금처럼 공장이 있는 것도 아니고 하니 밥을 먹으려면 오로지 농사를 지어야만 할 때였지. 그런데 음력을 사용해 보면 농사를 짓는데 언제쯤이 모내기가 적기이고, 풀은 언제 뽑는 게 좋고, 추수는 언제쯤 하는 게 좋은지를 잘 알 수 있었던 거지. 그리고 태양은 남자 신이고, 달은 여자 신이라고 믿고 농사를 짓는 데는 땅과 연관이 있는 여신이 필요하다고 본 것이란다."

"여자 신요? 하나님이 계신데 웬 여자 신이예요? 그거 미신 아니예요?"

"물론 미신이라고도 할 수 있지. 하지만 꼭 그렇다고만 생각하지는 않았단다. 일종의 토속신앙이었지. 그때는 하나님을 전혀 몰랐을 때란다. 그리고 농사를 짓는데 음력만큼 계절의 변화를 정확히 맞히는 달력은 없었단다. 지금도 음력, 양력이라고는 하지만 '달력'이라고 하지, '해력' 이라고는 하지 않잖니? 어떻든 조상님들은 땅에서 농사를 지어서 곡식을 얻는 것은 여신인 땅이 엄마와 같이 만물을 낳는다고 본 것이란다."

"그래도 햇빛이 있고 비가 오고 하니까 농사를 지을 수 있는 것 아닌가요?"

"네 말이 맞다. 그런데 그건 하늘에서 하는 것이고, 곡식을 심어 키워 거둘 수 있는 곳은 땅이지. 그러니까 땅을 무척 중요시 한 것이다. 특히 옛날에는 마을에서 주민들이 합동으로 지내는 제사를 '동제'라고 했는데, 그 제사는 첫 보름달이 뜨는 시간에 여신에게 땅의 풍요를 비는 것이란다. 다시 말해 풍년이 들게 해달라고 비는 것이지."

"일찍 자면 눈썹이 하얗게 된다는 날은 언제예요?"

"네가 어디서 그런 말을 들었느냐?"

"작년에 할머니가 이야기 해주셨어요."

"그랬구나, 오늘이 그 날이란다. 보름날 전날인 열 나흗날 밤에는 자정을 넘긴 다음에 자야 하는데 만약 그렇게 안 하면 '눈썹이 센다.'고 해서 잠 안 자기 내기를 하기도 했었지"

"할아버지도 그랬어요?"

"그럼, 어려서 증조할머니가 그렇게 말씀하셔서 졸린 데도 잠을 안 자려고 눈을 비비면서 억지로 참으려고 했었지."

"내 더위 사가라는 것도 있었다면서요?"

"그렇지, 보름날 아침에 '더위팔기'라고 해서 누구 든 먼저 만나면 '내 더위 사가라'하면 상대편은 고스란히 더위를 사야 한다는 것이란다. 그래서 자기도 모르게 그 해 여름을 남의 더위까지 가지고 덥게 지내게 된다는 것이다. 너도 내일 아침 누나가 거실로 나오면 얼른 '내 더위 사 가라' 라고 해 보거라"

"누나가 펄쩍 뛸 텐데요."

"싫으면 안 해도 되고"

"아니예요. 그래도 할래요."

"할아버지가 태극기 집회장에 나가신 동안 할머니가 오곡밥도 짓고 나물도 많이 만드셨어요."

"그랬구나. 예로부터 오늘과 내일에는 아까 저녁에 먹어본 것처럼 오곡밥도 지어먹고, 약밥도 해 먹었었지. 또 묵은 나물도 많이 먹었단다. 예전엔 땅콩과 호두와 같은 부럼도 준비했다가 먹었지. 그래야 여름에 부스럼 같은 질병을 물리칠 수 있다는 풍습이 있었단다. 집밖에서 하는 놀이로는 '다리 밟기', '달집태우기', '쥐불놀이', '사자놀이' 등이 있었고, '고싸움' 등 각종 편을 갈라 노는 놀이도 많았다."

"이런 놀이들은 모두가 새해 한 해를 무탈하게 지나게 해달라고 달의 신에게 비는 행사였단다. 하지만 실제로는 '쥐불놀이'처럼 농사를 짓는데 해충이 번지지 않게 하기 위한 것도 있고, 마을 간 친목을 다지기 위한 놀이도 있었단다. 이처럼 우리 조상들은 지혜로운 분들이어서 이런 미풍양속을 오랜 기간 지켜왔던 것이다. 지루하지? 이제 그만할까?"

"네, 고맙습니다. 할아버지."

녀석은 이야기를 듣는 동안 졸음이 오는지 연신 하품을 해댄다. 그래서 내가 "너 오늘 일찍 자면 눈썹 센다."고 하자 "그거 다 미신이잖아요" 하면서도 오늘 모르는 것 많이 배웠다고 너스레를 떨었다.

아홉.
설은 즐거워

 설을 고향에서 지내기 위해 아침 일찍 노량진역으로 나가 천안행 급행 지하철을 탔다. 올해도 아들 내외는 직장일로, 아내는 고 3짜리 손녀의 공부 뒷바라지를 한다고 해서 함께 하지 못했다. 그래서 막내 손자와 나만 내려가는 길이다. 손자가 말한다. 그래도 조상님들께 예를 다하는 건 자기와 할아버지뿐이라고. 그러면서 내년에 누나가 대학에 들어가면 명절마다 온 가족이 고향을 찾자고 한다.
 열차가 안양역을 지날 때쯤이었다. 손자가 질문 해 온다.
 "할아버지"
 "왜 그러느냐? 마실 물 주랴?"
 "아니예요. 오늘이 까치설날이지요?"
 "그렇단다. 오늘이 까치설날이고, 내일은 우리 설날이지."
 "그런데 왜 올해는 나한테 한복을 안 사줬어요?"
 "응, 그거 말이구나? 그건 네가 유치원생 일때는 몰라도 지금은 훌쩍 커서 움직이는데 불편할 것 같아 엄마가 생략한 것 같다."

"그런 거였어요?"

"그래, 그러나 네가 정 입고 싶다면 내년 추석부터는 새 옷을 사주마."

"아니예요. 됐어요."

한참을 잠잠히 있던 녀석이 또 질문 한다.

"그런데 할아버지, 전에 들려주신 것 같은데 다 잊어먹었어요."

"뭘 말이냐?"

"까치설날과 우리설날의 유래 말이예요."

"그러니? 그럴 게다. 그 때가 네가 유치원생이었을 때였으니 잊어먹을 수 있지."

"다시 이야기 해주세요."

"알았다. 그럼 까치설날의 유래부터 알아볼까? 그런데 말이다. 까치 까치설날은 어저께고요, 우리 우리 설날은 오늘이래요... 라는 노래가 윤극영 선생님이 지으신 거라는 건 알고 있니?"

"네, 알아요."

"그럼 됐다."

"이 노래는 왜정 때인 1927년 윤 선생님이 작사 작곡한 '설날'이란 동요란다."

"굉장히 오래됐네요. 그런데 진짜 까치도 설날이 있는 거예요?"

"있지"

"그럼, 우리 설날과 어떻게 달라요?"

"그게 사실은 말이다. 많은 사람들이 여기 노래에 나오는 '까치'를 칠월칠석에 견우와 직녀가 만나는데 다리를 놔준 까치로 잘못 알고 있단다. 잘 들어라, 원래 까치설날의 까치는 새가 아니란다."

"그럼 그게 뭐예요?"

"그건 '작다'는 뜻의 옛말이란다."

"그러면 왜 까치설날이라고 한 거예요?"

"그건 말이다. 여기서 '까치설날'은 '작은 설날'을 말한다. 즉, 음력으로 한 해의 마지막 날인 섣달그믐, 음력 12월 31일을 뜻하는 것이다. 내일이 설날이지? 그 설날은 음력으로 정월 초하루로 '큰 설날'인 셈이고. 예전엔 큰 설날 전날인 까치설날에 자기 집안의 어른들을 찾아가 세배를 드리는 풍습이 있었단다."

"할아버지도 그랬어요?"

"그럼, 작고하신 큰할아버지를 따라 다녔지."

"지금처럼 먼데 살면 하루 동안에 어떻게 다 찾아다녔죠?"

"옛날엔 한 마을에 문중 사람들이 모여 살아서 그게 가능했단다."

"문중이 뭐예요?"

"일가친척을 말한다. 그런데 너 혹시 '묵은세배'란 말을 들어봤니?"

"아니요. 처음 들어요."

"예전엔 까치설날에 드리는 세배를 '묵은세배'라고 했는데, 그것은 지난 한 해 동안 보살펴주신 문중 어른들께 감사드린다는 의미를 담고 있단다. 그리고 큰 설날에 드리는 세배는 앞으로 한 해 동안 잘 보살펴 주십사 하는 인사를 드리는 것이고. 그리고 네가 설이나 추석 때 입었던 한복은 '설빔'과 '추석빔'이라고 부르는데, 설이나 추석 때 입는 새 옷이란 뜻이다. 여기서 '빔'은 '새 옷'을 뜻하는데, 이 말은 순 우리 말이란다."

"그러면, 할아버지, 까치설날은 진짜 까치가 아니네요, 그냥 '작은설'이라는 말이지요?"

"그렇단다. 까치설에 대한 설화가 있는데 한 번 들어볼래?"

"좋아요. 어서 해주세요."

"옛날 고려 때였다. 일연이라는 유명한 승려가 있었다."

"그 사람 알아요. 삼국유사를 지은 사람, 맞죠?"

"그래, 맞다. 그런데 네가 그걸 어떻게 아니?"

"만화책에서 봤어요."

"그랬구나. 어떻든 삼국유사에 보면 아마 신라 소지왕 때였다고 했지. 마음 나쁜 왕비가 스님과 내통하여 왕을 해치려고 했단다. 그런데 그 때 이를 알고 까치와 소, 돼지, 용이 나서서 힘을 합쳐

왕을 구해주었다고 한다."

"와. 엄청 재미있어요. 그런데 내통이 뭐예요?"

"그건 서로 짜고 비밀리에 왕을 쫓아내려고 음모를 꾸미는 것을 말한단다. 그런데 말이다. 왕을 살리는 공을 세운 소와 돼지, 용은 그들을 기념하는 날을 정해주었는데 까치는 그만 왕이 깜박 잊고 기념하는 날을 만들어 주지 않았지 뭐니. 한참을 지나서 왕이 이 사실을 뒤늦게 깨닫고는 까치의 공을 기념해주기 위해 '설날'의 전날을 '까치의 날'로 정하여 '까치설날'로 지내게 했다는 것이다. 그러나 이건 어디 까지나 그냥 전해 내려오는 설화에 불과하단다."

"그러면 우리 설날은 어떻게 만들어진 거예요"

"응, 그건 말이다. '설'은 아까 말했듯이 새해의 첫머리라는 뜻이고, '설날'은 그 중에서도 '첫날'이란 의미를 가지고 있단다. '설날'의 어원, 즉 말의 뿌리는 세 가지나 된다. 첫 번째는 '낯설다'라는 말의 뿌리인 '설'에서 찾는 것이고, 두 번째는 '선날' 즉, 처음 시작하는 뜻인 '선다'라는 말에서 나왔는데, 이는 새해 새날이 시작되는 날이라는 뜻이다. 세 번째는 '삼가다' 즉, 근신한다고 하는 것인데, '조심하여 가만히 있다'는 뜻의 옛말인 '섦다'에서 나왔다고 보는 것이다."

이 대목에서 녀석은 단어들이 너무 어렵다고 해서 몇 번이나 쉬운 말로 설명해야 했다.

"이제 내일이 설날이잖니? 그런데 이 고유한 명절이 일제때 한동안은 '구정'이라는 말로 구박을 받았단다. 일제는 양력으로 1월 1일을 '신정' 즉, 새로운 정월 초하루로 삼으라고 강요했던 것이지. 그리고는 우리 설날을 '구정'이니 지내지 못하게 했단다. 우리의 얼을 즉, 정신을 말살하려는 정책의 하나였지. 그것도 모르고 지금도 많은 사람들이 우리 설날을 '구정'이라고 부르는데, 큰 잘못을 하고 있는 것이란다. 실제로 해방이 되고도 한동안은 '구정'과 '신정'으로 이중과세를 했다. 그러다가 1985년이지, 설날을 '민속의 날'로 삼았다가 1989년에 와서야 지금의 '설날'로 부활 된 것이란다."

"하여튼 설날은 새로운 시간이 시작되는 날이니 모든 말과 행동을 신중하게 해야 한다는 것을 잊어서는 안 될 것이다."

"네, 알겠어요, 할아버지, 큰 할아버지 댁에 다 와가요."

"그렇구나, 내가 이야기를 하느라 깜빡했구나. 어서 내릴 준비를 하자."

녀석은 신바람이 났는지 휘파람을 불면서 열차가 역에 들어서기도 전에 벗어놨던 외투를 챙겨 입고 짐을 들고는 날 보고 빨리 내릴 채비를 하라고 재촉한다. 고향의 아침 하늘은 청명했고 공기는 달콤했다.

제5부
너의 소원은 무엇이냐?

하나.
빨리 나이 들고 싶은 손자

오랜 만에 손자가 다니러 왔다. 겨울 방학을 맞았는데도 학원에 다니느라 좀처럼 얼굴 보기가 힘든 녀석이 됐다. 중학생인데도 그러니 고교생이 되면 더 보기가 힘들어 질 것 같다. 가끔 화상통화를 하긴 해도 오랜만에 직접 만나니 반갑고 키도 무척 자란 것 같았다.

녀석은 몸이 불편한 할머니가 반가워하며 눈시울 붉히자 이번 설 연휴 동안에는 할머니와 함께 지내겠다고 약속한다. 그러면서 올 해도 코로나 때문에 할아버지 고향에 함께 다니러 못가는 게 무척 아쉽다고 말한다. 나는 더 그렇다고 말하려다 그만뒀다.

녀석은 할머니에게 설날 먹을 떡국을 오늘 미리 먹을 수 없느냐고 묻는다. 내가 대신 대답했다.

"왜, 떡국이 먹고 싶으냐?"

"아니 예요. 올해는 설날 떡국 한 그릇 먹어도 나이를 먹지 않게 됐다면서요? 그래서 미리 한 그릇 먹으면 나이를 먹을 수 있을 것 같아서요."라고 말한다.

녀석이 말하는 뜻을 알 것 같다.

"하하하, 네가 빨리 나이 들고 싶은 모양이구나."

"네, 할아버지, 어른들은 나이 드시는 게 서글프다고 하신다면서요?"

"아무렴 그렇지. 예전엔 설날 마시는 술중에 집안의 사악한 기운을 몰아내고 무병장수를 기원 한다며 마시는 '도소주(屠蘇酒)'라는 게 있었단다."

"그게 무언데요?"

"응. 그 술은 젊은이로부터 마시는 술이다. 너처럼 빨리 나이를 먹고 싶은 젊은 사람이 먼저 마시고 할아버지처럼 나이 들어 서글픈 어른들은 나중에 마셨단다. 젊은이를 격려하고 술자리 예절을 익히게 하려는 것이었지. 일종의 세주(歲酒)인 셈이다."

"설날을 왜 원단(元旦)이니 원일(元日)이라고 하나요?"

"별칭이 많지, 세수(歲首), 연두(年頭), 연시(年始)라는 말이 다 그날을 일컫는다. 모두 한 해의 첫날임을 뜻하는 말이다. 그런데 신일(愼日)이라는 말도 있단다. 새해 첫날이니 근신하고 조심하는 날이라는 뜻이다."

"우리는 여기서 설날 예배를 드리지만 천안 큰댁에서는 아직도 차례를 지내시겠지요?"

　코로나가 오기 전만 해도 천안으로 내려가면 큰댁에서 차례를 지내는 것을 봤기에 하는 소리인 것 같다.

　"그렇겠지. 천안 식구들은 아직까지 예수님을 영접하지 못하셨기 때문이란다. 네가 다음에 내려가면 전도하기 바란다."

　"차례상(床)에 올리고 난 뒤 나눠주시던 떡국이 참 맛있었어요."

　"설날의 대표 세찬(歲饌)이지. 긴 가래떡은 장수를 뜻하고 이를 엽전처럼 둥근 모양으로 썰면 재물 복(福)을 상징했단다. 거기에 오색 고명을 올려 음양오행(陰陽五行)의 조화를 이루게 했지. 떡을 만들 쌀이 부족해서 만두를 빚어 먹는 경우도 많았고, 육수는 원래 꿩고기를 사용했는데 꿩을 구할 수 없으면 닭고기를 써 '꿩 대신 닭'이란 속담이 나온 것 이란다."

　"차례는 왜 꼭 종손이 지내야 하나요?"

　"차례를 종손이 중심이 되어 지내는 것은 종손이 그 집안의 대(代)를 잇는 자식이라는 데서 비롯된 것이란다. 그런데 차례는 4대조까지 모시고, 5대조 이상은 시제(時祭) 때 산소에서 모신다. 차례를 마치고 가까운 집안끼리 모여 성묘를 하는데 근래에는 설을 전후해 아무 때나 자손들이 편할 때 성묘를 하고 있다. 삶이 분주해졌기 때문일 것이다."

　"그믐날 밤에는 꼬박 밤을 샌다고 했지요?"

"그랬지. 그래서 설은 사실상 그믐 때부터 시작된다고 봐야 한다. 그믐날 잠을 자면 눈썹이 센다는 속신(俗神)이 있어서란다. 속신은 또 있다. 설날 밤에 귀신이 와서 신발을 신고 간다며 신발을 방안으로 들여놓기도 했고, 귀신을 쫓는다고 체나 키를 지붕에 매달아 놓기도 했단다."

"설날 아침 까치 소리를 들으면 길(吉)하고 까마귀 소리를 들으면 불길하다고 했다면서요?"

"그랬지. 또 복을 끌어들인다는 복조리를 만들어 이웃에게 돌리기도 했단다."

그믐부터 보름 때까지 남자들은 연을 날리기도 했는데 정월 보름에는 연의 꼬리에 '송액(送厄)' 즉, 액운을 보낸다는 뜻의 글자를 써서 붙였다가 멀리 날려 보냈다.

"여자들은 무얼 하고 놀았어요?"

"여자들은 정초에 널을 뛰었다. 널을 뛰면 그해에 발에 무좀이 생기지 않는다고 믿었던 것이다. 설날이면 주로 색깔이 있는 옷을 입는 데 특히 여자 아이들은 색동저고리를 입었지. 설날 새로 지어 입는 옷을 설빔이라고 했다."

"설날엔 세뱃돈도 받았고, 윷놀이를 했던 기억도 생생해요."

"우리 민족의 설 풍속에는 조상을 섬기며 감사하고 복을 기원하는 마음들이 깃들어 있다고 봐야한다. 한때 우리들은 음력설(구정)

과 양력설(신정)로 두 개의 설을 지내 이른바 이중과세(二重過歲)라 하여 폐해가 많았단다. 하지만 오랜 기간 구정으로 불리던 '설날'이 본래 이름을 찾기까지는 우리민족의 수난의 역사와 맥을 같이 했단다."

"수난의 역사라니요?"

"설 명절은 오랜 기간 이어져오다가 일제강점기가 되면서 수난의 역사는 시작되었다. 일본은 우리나라의 '전통문화 말살 정책'에 의하여 설날과 같은 명절마저 지내지 못하게 억압했던 것이다. 설 무렵 떡방앗간을 폐쇄하고, 새 옷을 입고 나오는 어린이들에게 먹칠을 해대기도 했다. '구정(舊正)'이라는 말도 그들이 설날을 폄훼하기 위해 쓴 것이다.

"한 가지 더 알려줄 게 있다. 요즘 우리들이 쓰는 '새해 복 많이 받으세요.'라는 신년 인사말은 전통적인 덕담이 아니란다. 새로 생긴 현대판 덕담이란다. 그래서 양력으로 새해를 맞을 때는 신식 덕담을 나누더라도 우리 전통명절인 설날에는 '과세 평안 하셨습니까?'와 같은 전통적인 인사말을 하는 것이 좋지 않을까 생각한다. 어때? 할아버지가 너무 고루한 것인가?"

"아니예요. 그 말씀이 옳은 것 같아요. 저도 올해부터는 할아버지가 가르쳐 주신대로 '과세 안녕하셨습니까?'라고 인사드릴래요. 그런데 할아버지, 요즘은 옛날처럼 '민족대이동'은 없어진 것 같아요."

"한때 부모들이 자녀 집을 찾는 경우가 많았단다. 하지만 그마저도 코로나 때문에 자제하는 분위기다. 안타까운 일이다."

"올해부터 나라에서 설날을 '국가무형문화재'로 지정한다면서요?"

"그렇다고 들었다. 반가운 소식이다. 하여튼 설은 전통문화를 보존한다는 의미도 있지만, 멀리 떨어져 살던 가족이 만나는 즐거운 시간이 된다는 뜻에서 소중한 것이란다."

바로 그 때 '할머니 표' 떡국이 나와 우리의 대화는 잠시 멈췄다.

둘.
제대로 한 봄맞이

　당초 계획은 이번 주말엔 남쪽지방으로 봄맞이 나들이를 가려 했으나 차질이 생기고 말았다. 갑자기 외손자의 생일잔치 모임 일정이 잡혔기 때문이다. 나는 하는 수 없이 주말에 딸네가 살고 있는 분당으로 차를 몰아야 했다. 하기야 분당도 서울에서 보면 남쪽 지방에 해당되니 그곳에 가서 식사 후 율동공원이라도 산책하고 분위기 좋은 찻집에서 전통차라도 마신다면 남쪽지방으로의 봄맞이 나들이는 제대로 한 셈이 될 것 같았다.

　내 외손자는 김씨 가문에서 유일하게 대(代)를 이을 녀석인데다 위 아래로 형제자매가 없으니 외동아들이라는 점에서 여간 귀하게 키우고 있는 것이 아니다. 그런데다 이 녀석이 올해 고3이 되어 맞이하는 생일이라 그 의미 또한 심장할 것임에 틀림없다 하겠다. 그러니 외조부모인 우리 내외가 그 자리에 빠질 수 있겠는가.

　나는 이 녀석이 중학생이 된 뒤부터 매년 생일이면 축하금(?)과 함께 삶의 지표가 될 만한 고사성어(故事成語) 한 가지씩 붓글씨로 써서 주면서 글자에 담긴 뜻을 식사하면서 설명해주고는 해 왔었다. 그래서 이런 행사(?)는 이번이 네 번째인 셈이다. 올해는 '진인사대천명(盡人事待天命)'이란 글자를 써서 전해주고 다른 식구들도 있고 해서 이번엔 식사가 끝난 뒤 한련화(旱蓮花)가 곱게 피어 있는 가까운 전통 찻집으로 자리를 옮겨 글의 뜻을 다음과 같이 설명해 주었다.

"인간의 삶은 언제나 예측할 수도, 합리적으로 이해할 수도 없는 일들로 채워져 있다고 해도 지나친 말이 아니란다. 불확실성이 가져오는 이런 불안과 공포를 완화하기 위해 서양인들은 초월적인 신에 의지하는 경향이 있었지만, 동양인들은 바로 '진인사대천명' 했던 것이다. 즉, 사람의 일을 모두 다 하고 하늘의 명령을 기다린다는 뜻이지."

"이 말은 중국 남송(南宋)의 유학자인 호인(胡寅)이라는 분의 저서 독사관견(讀史管見)이라는 책에서 처음 사용했다고 한다. 동양인들의 이런 자세는 어떻게 보면 순종적이고, 소극적인 것이라 할 수 있다. 하지만 여기서 관건은 '최선을 다한다'는 데 있다고 본다. 다시 말해 이 글의 핵심은 자신이 할 수 있는 일에 최선을 다한다는 '진인사'에 있는 것이다. 최선을 다 해보지도 않고 미리부터 신에게 매달리지는 않는다는 것이다."

"최선을 다한 결과는 인간의 영역을 넘어선 영역에 있는 것이다. 그러므로 결과가 좋으면 감사히 받아들이고, 결과가 나빠도 순순히 받아들일 수밖에 없는것이다. 맹자라는 성현이 천명 (天命)을 두고 '자신의 도(道)를 다 하고 죽는 것이 바로 올바른 명(命)'이라고 풀이한 이유도 여기에 있단다."

"자신이 할 수 있는 모든 일을 하고 난 뒤 조용히 그 결과를 기다리는 태도, 어떤 결과가 나오든 기꺼이 수용하는 태도야 말로 오늘날을 살아가는 우리들이 깊이 새겨야 할 교훈이 아닌가 한다. 너도 상급학교의 진학에 대한 불확실성에 대처하려면 항상 네가 할 수 있는 일에 최선을 다하고 결과를 기다리는, 그리고 그 결과에 미련을 두지 않고 오히려 반성하는 자세가 필요하다고 본다."

"더 자세한 것을 알고 싶으면 오래전에 너에게 준 할아버지의 책 '창조경영 리더십'을 읽어보도록 하거라."

설명이 끝나자 손자는 "할아버지께서 글씨나 편지로 주시는 말씀은 하나도 빼놓지 않고 철을 해 두고 있다."며 "모두 저한테는 가보 1호입니다"라고 말했다. 기분이 좋았다.

셋.
너의 소원이 무엇이냐?

오늘이 계묘년 정월 대보름이다. 자연의 섭리는 참으로 경이롭기만 하다. 입춘(立春)인 어제까지만 해도 날씨가 심술을 부리더니 보름이 되니 바람이 한결 부드러워졌다. 교회에 갔다가 막내 손자를 만나 함께 우리 집으로 왔다. 녀석만 초등부 예배를 드리고 나머지 아들네 식구들은 3부 예배를 드리고 온다고 전한다.

손자는 함께 집으로 오는 동안 녀석의 장기인 질문 공세를 한다. 정월 대보름에 관한 세시풍속(歲時風俗)에 대해 설명해 달란다. 내가 하늘을 바라보면서 "어, 저기 보름달이 떴나 보다" 했더니 녀석은 대뜸 "아, 할아버지 저를 속이려 드시려 하시나요?" 하면서 능청을 떤다.

"TV에서 들었는데요. 오늘 보름달은 서울에서는 오후 5시 21분에 뜬다고 했어요"

"그랬지. 그래서 오늘 해가 오후 6시쯤 진다고 하니 달이 해와 같이 떠 있게 된단다. 그런데 달이 가장 둥글게 보이는 시간은 내일, 즉 월요일 새벽 3시 29분이라고 하더라."

"할아버지, 아까 교회에서 윷놀이를 하신다고 들었는데요."

"오늘은 주일이니 피하고 오는 수요일에 하기로 했다. 대보름엔 남자들은 대개 윷놀이를 하곤 했단다."

"여자들은 무슨 놀이를 했는지 아니?"

"널뛰기도 하고 그네도 타고 했다고 배웠어요. 강강술래도 했고요. 강강술래는 유네스코에도 등재됐다고 들었어요."

녀석은 정월 대보름의 풍속(風俗)을 많이 알고 있는 것 같았다.

"그렇다. 이 모두가 한국 고유의 전통적인 종합예술이라고 보면 된다. 그런데 강강술래의 둥근 원은 무엇을 뜻하는지 아니?"

"달과 여성을 상징한다고 하더군요. 왜 그런 건가요?"

"그것은 말이다. 옛날엔 남성 중심 사회였지. 그래서 남성은 밤에 출타해도, 술을 마시고 놀아도 괜찮았지만, 여자들은 밤에 외출하거나 춤추고 노래하는 것은 절대로 허용되지 않았단다. 그런데 정월 대보름이나 추석 명절 같은 때는 예외였지. 여성들도 자유롭게 노래하고 춤도 추며 스트레스를 풀 수 있었단다. 여성들이 평소 제약에서 벗어날 수 있었던 대보름의 특권이었던 것이지."

"그럼 할머니 증조할머니 다 그런 경험을 하셨겠네요."

"물론이지"

"여성들이 너무 불쌍했군요. 누나는 그런 역사를 알까요?"

"알고 있을 게다. 전에 내가 한번 이야기 해 준 일이 있단다."

"이따 누나가 오면 물어봐야겠어요. 모르기만 해봐라 '바보' 라고 놀려대야지"

"그걸 모른다고 바보는 아니지. 모른다면 네가 잘 설명 해주거라."

"할아버지, 입춘까지는 춥다가도 대보름이 지나면 대개 얼었던 땅이 녹기 시작한다면서요?"

"그렇지 완전히 녹으려면 우수(雨水) 경칩(驚蟄)이 지나야 하지만 보름 때부터 서서히 녹기 시작하는 것이지. 그걸 해동(解凍)한다고 말한다. 이때부터 농촌에서는 농사일에 나설 준비를 한다."

"전에도 할아버지가 알려주셨어요. 논과 밭을 가는 쟁기도 손보고 한다고요."

"그랬구나."

녀석은 오늘 뜨는 달이 쟁반같이 둥근달이 될지 걱정이 되는 모양이다.

"정월 대보름달은 보름달 중에서도 으뜸이라고 한다. 보름달이라고 해서 다 같은 게 아니라는 것이다. 그래서 '대(大)보름달'이라고도 하고 '상원(上元)이라고도 부른단다. 그런데 엊그제 기상청에서 발표한 바에 따르면 오늘 뜨는 정월 대보름달은 그 이름에 걸맞지 않게 가장 작은 보름달이라고 하더라. 'Super Full Moon'이 아니고, 'Mini Full Moon'인것이지."

"왜 그런지 아세요?"

"그래 어디 한 번 설명해 봐라."

"그건 달이 지구에서 가장 먼 위치를 지나기 때문이지요."

"딩동댕! 맞았다."

"그런데, 할아버지, 대보름달을 보고 소원을 빈다면서요."

"그렇지, 너의 소원은 무엇이냐?"

"그거야 할아버지, 할머니 오래 사시는 거지요."

"그것 말고는?"

"우리 아빠 엄마 누나 그리고 내가 아는 친척 친구 모두 모두 건강하고 행복하게 사는 거예요."

"고맙다"

"할아버지, 우리 집안은 모두 기독교인인데 달보고 소원을 빌어도 돼요?"

"그렇지, 우리는 하나님께 소원을 말해야 하겠지. 하지만 이건 우리 민족의 오랜 전통놀이로 보면 된단다. 요즘 세상에 달나라에 로켓을 타고 사람이 다녀오는데 달님이 소원을 들어준다는 게 이치에 맞지 않겠지. 그래도 이런 전통은 그냥 오래도록 지속될 것이다."

녀석은 내가 달에게 소원을 비는 민요가 "달맞이 가세"라고 가르쳐주고, 인터넷에서 찾아 들려주었더니 우리 선조들의 마음을 이해할 수 있겠다고 말한다.

"대보름은 1년 중 가절(佳節)이니 달에게 소원을 빌어보라는 노래를 불렀던 것 같다. 가절에는 중추가절(仲秋佳節)도 있다. 추석 절기를 말하는 것이란다. 요즘은 환절기이기도 하니 감기 조심해야 한다"

녀석은 내 말이 끝나자마자 어서 달 보러 나가자고 서두른다.

넷.
약속

 이 이야기는 약속의 중요성을 일깨워주기 위해 손자들에게 여러 차례에 걸쳐 들려주었던 내용이다. 그 이후로 아이들은 가족에게는 물론 친구들과의 약속도 잘 지키고 있음을 볼 수 있다. 어려서부터의 가정교육이 얼마나 중요한가를 알게 하는 대목이기도 하다.

 독일의 역사학자 랑케(1795~1886)가 어느 날 산책을 하던 중에 동네 골목에서 한 소년이 너무나 슬프게 울고 있는 것을 발견했다. 우유를 배달하는 그 소년은 그만 실수로 넘어지는 바람에 배달하던 우유병을 깨뜨리고 말았던 것이다.

 그는 소년이 엎질러진 우유값을 배상해야 한다는 걱정에 울고 있는 것을 그냥 지나칠 수가 없었다. 그래서 울고 있는 소년에게 다가가 이렇게 말했다.

 "얘야, 아무 걱정하지 마라. 지금은 내가 지갑을 가지고 나오질 않아 돈을 줄 수 없지만, 내일 이 시간대 이 자리로 오면 내가 다 배상할 수 있게 해주마."

그리고 집으로 돌아온 랑케는 한 자선 사업가가 보낸 편지를 보았다. 거기엔 그 자선 사업가가 역사학의 연구비로 거액의 돈을 후원하고 싶으니 내일 오전에 자신의 사무실로 찾아와 달라는 내용이 적혀 있었다. 랑케는 너무 기뻐서 어쩔 줄 몰랐다. 하지만 순간 소년과의 약속이 떠올랐다. 그 자선 사업가를 만나려면 지금 당장 먼 길을 떠나야만 가능했기 때문에 소년과의 약속은 지킬 수가 없을 것 같았다.

그는 한참을 고민하다가 자선 사업가에게 다른 중요한 약속이 있어서 내일 오전에는 도저히 만날 수 없다는 내용의 전보를 쳤다. 큰 손해를 보는 한이 있더라도 소년과의 약속을 지키기 위해서였다. 랑케는 역사학의 연구보다도 한 소년과의 약속을 지키는 일이 더 소중하다고 여겼던 것이다.

자선 사업가는 랑케의 전보를 받아보고는 처음엔 상당히 불쾌해했다. 그러나 나중에 전후 사정을 알고는 랑케를 더욱 신뢰하게 되었고, 처음에 제안했던 후원금 액수보다 몇 배나 더 많은 후원금을 전달했다.

랑케가 당장의 커다란 이익을 저버리면서까지 작은 약속을 소중히 지켰기에, 소년은 절망 속에서 희망을 품을 수 있었을 것이다.

우리가 사는 이 세상이 작은 약속이라도 가볍게 여기지 않는 따뜻한 세상이라면 참 좋겠다.

다섯.
할아버지의 보호자를 자처하는 손자

요즈음 막내 손자의 언행이 달라진 게 많다. 이런 현상은 초등학교에 들어간 뒤로 더욱 뚜렷해졌다. 특히 녀석은 유치원생 때와 달리 모든 면에서 어른스러워졌다. 그것은 말이나 행동거지에서 나타난다. 얼마 전까지만 해도 할아버지나 할머니에게 의지하는 경향이 많았는데 이제는 전혀 의지하려들지 않는다. 매사를 스스로 하려고 하는 것이다.

그 뿐만이 아니다. 종전에는 녀석이 우리 내외의 피보호자였지만 지금은 보호자로서의 역할을 하려든다. 그 같은 경향은 태권도장에서 나와 함께 집으로 돌아오는 길에서 처음으로 보았다. 전에는 태권도장에서 나오면 엘리베이터를 타고 내릴 때나 횡단보도를 건널 때 당연히 내가 리드를 했고 손자는 내 손을 잡고 걸으면서 자신의 의지보다는 내 의지에 따랐었다. 하지만 얼마 전부터 녀석이 리드하기 시작했다.

이달 초부터 녀석은 엘리베이터에서 타고 내리는 일을 제가 맡아 한다. 언제나 엘리베이터 문이 열리면 타고 내리는 것을 내가 먼저 하라고 한다. 특히 횡단보도에서 녀석은 나를 더 챙긴다. 녀석은 그때마다 나에게 이렇게 말한다.

"할아버지, 여기는 신호등이 없으니까 차가 오는지 안 오는지 먼저 양 옆을 살펴봐야 해요. 자, 내 손을 꼭 잡으세요."라고 하면서 길을 건넌다.

목욕을 하기 위해 옷을 벗고 입을 때도 내 손을 빌리지 않고 제 스스로 하기 시작했다. 지난 주말이었다. 녀석과 대중탕엘 갔었다. 나는 전처럼 녀석의 옷을 벗어 옷장 속에 넣어주겠다고 했더니 이 날은 혼자 할 수 있다면서 사양하는 게 아닌가. 그래서 그냥 두고 보니 옷을 벗어 옷장에 넣더니 욕탕에 들어가 샤워기를 틀고 스스로 머리를 감는다. 그리고는 온탕에 들어가 "어, 시원하다!" 하고는 때를 불린다.

나는 녀석의 행동을 보니 웃음이 절로 나오고 깜짝 놀라지 않을 수 없었다. 녀석은 한 술 더떠 탕에서 나오더니 나에게 때를 밀어 주겠다고 나선다. 나는 녀석의 행동이 대견해서 물어봤다.

"너 언제부터 이렇게 어른스러워졌니?"

"할아버지, 내가 이제 유치원생이 아니잖아요. 초등학생이 됐으니 달라져야지요."

"그래, 네 말을 듣고 보니 네가 확실히 달라지긴 달라졌구나. 그런데 어떻게 그렇게 하루아침에 달라질 수가 있니?"

"학교에서 배웠어요. 어른들을 공경하고 자기 일은 혼자 스스로 하라고 했어요."

녀석은 배려심도 많아진 것 같다. 어제저녁이었다. 할머니가 저녁밥으로 오므라이스를 준비하면서 녀석에게 물어봤다.

"윤준아, 오늘 저녁은 오므라이스를 만들었는데 괜찮겠니?"

"오므라이스예요?"

"그래, 밥을 고기에 볶고 그 위에 계란을 얹은 거란다. 맛있지 않겠니?"

"그런데 할머니 나는 김밥이 먹고 싶은데요."

"그래? 그럼 어떻게 하나. 이미 다 만들었는데, 그럼 김밥을 다시 만들어야겠구나. 그런데 시간이 좀 걸려도 되겠니?"

"시간이 걸려요? 그럼 그대로 오므라이스 주세요. 다시 만들려면 할머니가 힘드실 테니까요."

녀석은 일요일에도 할아버지 할머니를 생각한다는 것을 알게 됐다. 지난 일요일이었다. 이날은 아들 내외가 모두 저녁에 외부에서 볼 일이 있다고 해서 매주 일요일 우리 집에서 만나는 일을 하지 않기로 했었다. 그런데 아들한테서 전화가 왔다. 지금 나가려고 하는데 윤준이가 일요일이면 할아버지 집에 저녁을 먹으러 갔는데 왜 오늘은 안 가느냐고 항의(?)한다는 것이다. 그러니 우리 내외보고 제집에 와서 아이들과 잠시 지내시다 가시면 안 되겠느냐고 한다. 우리 내외는 하는 수 없이 아들집으로 가서 아들 내외가 돌아올 때까지 녀석과 놀아주고 집으로 돌아와야 했다.

며칠 전이었다. 녀석은 국기원에서 시행하는 태권도 승단대회에 참가했다. 녀석은 각종 승단시험을 무사히 치렀다고 한다. 나는 녀석을 극구 칭찬해주었다. 그런데 나의 칭찬을 들은 녀석은 자신이 할아버지의 보호자임을 자신 있게 이야기 해 준다.

"할아버지"

"왜 그러느냐?"

"내가 태권도를 배우는 이유를 아세요?"

"응. 그건 우선 건강을 위해서 일 테고, 두 번째는 무예를 통해서 인격을 높이기 위한 것 아니겠느냐?"

"다 맞는 말인데요. 이유가 또 있어요."

"그게 뭔데?"

"할아버지를 보호하기 위해서예요."

"그게 무슨 소리냐?"

"할아버지는 늙어서 힘이 없잖아요. 그러니까 내가 힘이 세지면 할아버지를 보호할 수 있거든요."

"하하하 그래서 운동한다고? 그래, 이 할아버지가 늙긴 많이 늙은 것 같구나. 여하튼 고맙다."

여섯.
세상일에 관심 갖는 손자

엊그제 저녁이었다. TV 뉴스를 시청하는데 장관 청문 관련 소식과 청와대 대변인 사퇴 소식이 전해지고 있었다. 그런데 뉴스를 유심히 듣고 있던 손자가 나에게 진지한 어조로 질문한다.

"할아버지. 요즘 텔레비전 뉴스를 들으면 야당 국회의원들이 대통령을 욕하는데 왜 그러는 거예요?"

"그래? 대통령이 정치를 잘못하는 게지"

"어떤 정치를 잘못했는데요?"

"응, 예를 들면 북한이 핵을 만들었는데 그 핵을 없애라고 요구하지 않고 자꾸 무조건 원조만 하려고 한다고 욕하는가 보다. 게다가 지금 많은 청년들이 취업을 못하고 있는데 그것도 경제정책을 잘못해서 그렇다고 하는 거란다."

손자는 전혀 이해가 안 되는가 보다.

"북한 사람들이 먹을 것이 없어서 굶어죽는다고 하는데 쌀이라도 보내주면 안 되나요?"

"그게 말이다. 핵폭탄을 없애면 쌀이고 돈이고 얼마든지 줄 텐데, 북한이 핵폭탄을 안 없애니까 유엔에서 도와주지 못하게 해서 그렇단다."

"형들이 취직이 안 되고 상점들이 장사가 안되는 것도 대통령이 정치를 잘못해서 그런가요?"

"그렇단다. 국민들이 누구나 열심히 일한 만큼 잘 살아야 되는데 나라에서 간섭을 많이 하니까 공장도 안 돌아가고 장사도 안되는 거란다. 어려운 말로 시장에 경제를 맡겨야 되는데 나라가 이래라 저래라 하니까 잘 안 되는 거지"

"하기야 아빠 회사도 엄마 직장도 요즘은 돈 벌기가 어렵다고 해요."

"그것 봐라. 우리도 그런 피해를 보고 있잖니? 그러니까 너도 돈을 아껴 쓰고 조금이라도 용돈이 생기면 되도록 통장에 저금을 하렴"

"그렇게 할께요. 엄마 아빠가 돈 벌어서 학원비도 내는데 열심히 공부할게요."

"아무렴 그래야지, 윤준이가 이제 철이 다 들었구나."

"할아버지도 참, 나는 이제 어린 애가 아닙니다."

"그래? 그럼 뭐라고 불러야 하니?"

"어린이라고 불러야지요."

"그렇구나, 미처 할아버지가 거기까지는 생각못했구나."

녀석은 가끔 나나 제 할머니가 아들이나 며느리의 실수에 대해 논할라치면 얼른 제 부모를 두둔하고 나선다. 얼마 전의 일이다. 하루는 녀석이 태권도를 하고 우리 집에 오면 목욕을 하고 옷을 갈아입어야 하는데 어쩐 일인지 갈아입을 옷을 가방에 넣어 보내지 않았다. 이를 본 할머니가 녀석에게 지나가는 말로 "네 엄마는 얼마나 바쁘기에 아들이 갈아입을 속옷도 챙겨 넣지 않았단 말이냐"며 불편한 기색을 보였다.

그러자 녀석은 제 엄마를 위해 변명하기에 바쁜 게 아닌가.

"할머니, 엄마가 요즘 너무 바쁜가 봐요. 다 우리 가족을 먹여 살리려고 하다 보니 그랬으니 용서해 주세요."라고 말한다. 이에 내가 "어디 아들 없는 사람들은 서러워서 살겠느냐"고 하자 "내가 태어나서 엄마 아빠는 무척 기뻤다고 했어요"라며 능청을 떤다. 그리고는 할머니 할아버지도 내가 있어서 살맛 나지 않으세요?" 하고는 깔깔댄다.

어제는 태권도장에서 집으로 오는데 토요일에 골프연습장에 할아버지도 같이 가자고 조른다. 하지만 주말에 결혼 50주년을 기념해 여행을 좀 다녀와야 해서 안 된다고 하자 무척 실망하는 눈치다. 그러더니 무슨 생각이 떠올랐는지 갑자기 손뼉을 치면서 엉뚱한 질문을 한다.

"50년을 함께 사셨다고요? 와, 대단해요. 축하드려요."

그리고는 잠시 뜸 드리더니 궁금한 게 하나 있다고 한다.

"그게 뭔데?"

"이건 좀 쑥스러운 질문인데요. 50년 동안 부부싸움은 하셨겠지요?"

"했지, 부부싸움 안 하는 부부는 하나님 빼놓고는 없을 것이다."

"그럼 몇 번이나 하셨어요? 1년에 한 번씩 해도 50번, 두 번씩 했으면 100번 했겠어요."

"아마, 그 정도 될 거다"

"누가 이겼어요?"

"이기긴 누가 이기냐? 옛 말에 부부싸움은 칼로 물 베기라고 했단다. 곧바로 화해했지."

"화해가 뭐예요?"

"응, 그건 말이다. 서로 네 탓이 아니고 내 탓이라고 하면서 사랑하는 거란다. 네 아빠 엄마도 그렇게 하지 않던?"

"맞아요. 아빠 엄마도 그래요."

"그래야지 부부가 서로 다른 환경에서 자라서 어른이 되어 만나 사는 것이니 서로 다른 면이 하나둘이 아니지 않겠니? 그러니 서로 양보하고 이해하면서 살아야 하는 거란다. 성경에서도 부부가 서로 존중하고 사랑하면서 살아가라고 말씀하시고 계시지 않던?"
"네, 잘 알겠습니다. 저도 커서 장가들면 그렇게 할께요."
　오늘 손자와 대화하면서 녀석이 세상일에 관심을 갖기 시작했음을 알게 되었다. 나 자신 손자에게 매사에 더 모범을 보여야겠다는 생각을 했다.

일곱.
덕불고필유린(德不孤必有隣)

　손자가 다니는 태권도장에선 매주 목요일이면 앞으로 1주일간의 수련 과정을 전하는 안내장을 수련생들에게 나눠준다. 안내장에는 하단에 교훈적인 격언이나 속담을 싣고 그 아래에 수련생들이 혼자 써오도록 하는 한자 쓰기 연습문제로 사자성어를 내준다.

　손자는 지금껏 한자 쓰기를 연습하면서 내게 그 사자성어의 뜻을 묻는 일이 없었다. 이미 유치원 때 천자문을 공부한 데다 글쓰기연습 난에 사자성어의 뜻을 간단히 적어놨기 때문이었다.

　그런데 어제는 사자성어의 뜻을 잘 이해할 수가 없다면서 좀 더 자세히 설명해달라고 했다. 그러면서 자기가 친구에게 친절히 해주면 좋아하던데 그런 것을 말하는 것이냐고 물어왔다. 그래서 '덕불고필유린(德不孤必有隣)'이란 말의 유래와 그 사례로 옛날이야기를 하나 들려주었다.

　"먼저 이 말은 '덕필유린'이라고 줄여서 쓰기도 하는데, 요약하면

'덕이 있으면 외롭지 않다'는 것을 이르는 말이란다. 德(큰 덕), 不(아니 불), 孤 (외로울 고), 必 (반드시 필), 有 (있을 유), 隣 (이웃 린), 이렇게 이루어졌는데, 같은 무리들이 함께 어울리는 유유상종(類類相從)이란 말은 들어봤겠지? 그 말처럼 덕을 갖춘 사람들에게는 반드시 그와 비슷한 유덕(有德)한 사람들이 따른다는 것을 말한단다."

"이 말은 원래 유교의 근본 문헌으로 공자(孔子)가 지은 논어에 나온다. 결국 '덕을 지닌 사람은 다른 사람을 평온하고 화목한 덕의 길로 인도해 주면서 그 길을 함께 나아가기 때문에 외롭지 않다'고 하는 것이다. 그렇게 된다면 요즘 흔히 너희들이 말하는 '왕따' 같은 것은 당하지 않기에 외로울 수가 없는 것이란다. 따라서 평소에 친구에게 친절하게 대하고, 친구가 즐거우면 함께 즐거워하고, 친구가 슬프면 함께 그 슬픔을 나누도록 하라는 말씀이란다."

"조선 철종 임금 때였다고 한다. 경상도 상주 땅에 서씨 성을 가진 농부가 살았는데 사람들은 그를 그냥 '서 선달'이라고 불렀다. 원래 '선달'은 과거시험에 급제는 했으나 아직 벼슬을 받지 못한 사람을 이르는 말인데, 이 사람은 과거 급제와는 거리가 멀었지만 심성이 착하고 무던해서 이웃 사람들이 그냥 그렇게 서 선달이라고 불렀다고 한다."

"서 선달은 남의 땅을 빌려 겨우 입에 풀칠을 하며 근근이 살아가고 있었다. 그런데 어느 해인가는 봄이 왔어도 그해 농사를 지을 비용이 없을 정도로 곤궁하기만 해서 생각다 못해 부산 쌀가게에서 장부 적기를 담당하면서 근근이 살아가는 큰아들을 찾아갔다. 효자 아들은 주인께 통사정해서 6개월 치 월급을 가불받아 아버지 서 선달에게 드렸다."

"서 선달은 집을 향해 5백 리 길을 걸어서 가는데, 어느 고개를 넘어가던 중 그만 돈 자루가 구멍이 난고로 돈 꾸러미를 그만 몽땅 흘려버려 잃어버리고 말았다. 서 선달이 돈을 잃어버린 것을 안 것은 잃은 지점에서 30여 리 정도쯤은 지났을 지점이었다. 눈앞이 캄캄해진 서 선달은 오던 길을 되짚어가면서 잃은 돈 꾸러미를 찾아 헤매지 않을 수 없었다. 이때 반대쪽에서 고개를 넘어오던 한 노인 양반이 그 돈 꾸러미를 발견해 세어보니 한 100량쯤 되었다."

"길에서 돈을 발견한 노인은 다행히 마음씨 착한 사람이었다. 그는 '횡재'했다고 좋아하는 하인에게 일러 말한다. "잃은 사람은 반드시 찾아온다. 목숨같이 귀한 돈을 잃은 그 사람은 얼마나 속이 탈꼬!" 그 노인은 가던 길을 멈추고 그 자리에서 몇 시간이고 돈 주인이 나타나기를 기다렸다. 한참 후 예측한 대로 서 선달이 흙빛이 된 얼굴로 나타났다."

"노인 양반이 주운 돈을 서 선달에게 돌려주자 서 선달은 "어른께서 제 목숨을 살려주셨습니다."라고 하며 돈을 찾아준 은혜를 갚겠다며 사례를 하려고 했다. 그러자 노인은 "은혜랄 게 뭐 가 있소, 당연히 할 일을 한 건데" 하고는 펄쩍 뛰며 사양했다. 그는 주은 돈 백냥을 서 선달에게 건네주고는 가던 길을 재촉했다. 서 선달도 다시 집을 향해갔고, 이윽고 어느 강가에 이르렀다."

"그때 마침 한 소년이 강을 건너다 물에 빠져 허우적거리고 있었다. 주변엔 구경꾼들이 여럿 있었으나 물살이 세어서인지 어느 누구 하나 뛰어들어 소년을 구해줄 생각을 못하고 있었다. 그 때 서 선달이 외쳤다. "누구든지 저 소년을 구해내면 지금 당장 백 냥을 주겠소!" 그러자 어느 장정 한 명이 나서서 강물에 뛰어들어 마침내 그 소년을 구해냈다."

죽다 살아난 소년 도령이 서 선달에게 말했다.

"정말 고맙습니다. 어르신이 아니었으면 저는 수중고혼(水中孤魂)이 되었을 것입니다. 저희 집은 안동에서 제일 큰 부자인데 함께 가시면 백 냥을 갚아드리겠습니다."

서 선달은 무슨 사례를 받고자 한 일은 아니었으나 자기의 사정도 있는지라 소년을 따라 같이 안동까지 가게 되었다. 그 소년의 집은 과연 고래 등 같은 부잣집이었다.

소년으로부터 자초지종을 들은 소년의 부친이 대문 밖까지 버선발로 달려 나왔다. 그런데 소년의 부친은 다름 아닌 서 선달이 잃었던 돈을 찾아준 바로 그 노인 양반이었다.

"온 재산을 털어 제 아들을 구해주시다니 당신이야말로 진정 의인이십니다. 정말 이 은혜 백골난망(白骨難忘)입니다"

"아닙니다. 댁의 아드님은 어르신께서 살려내신 것입니다. 제가 돈을 잃었다면 무슨 수로 살려냈겠습니까?"

"겸손의 말씀이십니다. 7대 독자 외아들을 살려주신 은혜 절대로 잊지 않겠습니다."

안동 권 부자라는 분은 감사의 눈물을 흘리면서 아들을 살려준 보답으로 돈 천 냥을 나귀에 실어서 선달에게 주었다. 그리고 나중에 서 선달이 사는 상주 고을을 찾아가 전답 백 섬 지기를 사주고 돌아갔다. 이 일이 조정에까지 알려져 안동과 상주 두 고을이 조정으로부터 후한 상을 받았다고 한다. 이게 바로 오늘 네가 물어온 덕불고필유린(德不孤必有隣)이란 뜻과 같은 이야기란다.

이야기를 다 듣고 난 손자가 말한다.

"할아버지 참 교훈적인 이야기 같아요."

"그렇지? 요즘은 착하게 살기가 힘든 세상이라고 한다. 착한 것이 오히려 바보처럼 여겨지는 안타까운 시절이어서다. 하지만 착하게 살려고 노력해야 한다. 그러면 그 사람은 결코 외롭지 않단다. 그러니 덕필유린이란 말을 잊어서는 안 된다. 덕이 있고 심성이 착하게 살면 하나님은 반드시 복을 주신다. 그것이 사람답게 사는 바른길이기 때문이란다."

여덟.
그건 공평하지 않잖아요!!

　지난 주말이었다. 초등학교 3학년짜리 막내 손자를 데리고 서울 동작동 국립현충원에 갔다. 나라를 위해 목숨을 초개와 같이 바친 애국선열들의 정신을 손자에게 심어주기 위해서였다. 이날은 다행히 비가 온 뒤라 하늘이 청명하기 이를 데 없었다. 더위도 한풀 꺾여서 한낮에만 따갑고 아침저녁으로는 제법 선선하다. 한낮에도 땡볕에 나가면 따가워도 나무 그늘로 들어가면 더운 줄을 모른다. 간간이 시원한 바람도 불어줘서 이제 가을로 완전히 접어든 느낌을 받는다.

　박정희 대통령 묘역에서부터 내려오면서 이승만 대통령 묘역을 거쳐 채명신 장군이 잠든 사병묘역을 지나오자 녀석이 기다렸다는 듯이 한마디 한다.

　"할아버지!"

　"왜 그러느냐?"

"할아버지 설명을 들으니까 이 대통령 할아버지는 공산당과 싸워 나라를 세워서 지키고, 박 대통령 할아버지는 우리들이 잘살게 하셨다고 했는데 잘못한 것은 없나요?"

"왜 없겠니. 이 대 통령은 부정선거로 4.19가 일어났고 결국 하야했고, 박 대통령은 유신이라고 해서 대통령을 오래 하려다가 변을 당했단다. 잘한 일이 일곱이라면 잘못한 일이 삼이라고들 한단다. 물론 사람에 따라서는 그 비율을 다르게 말하는 분들도 있단다."

"그렇군요."

"저쪽에 대통령을 지낸 두 분이 또 있는데 그분들은 사람들이 더 잘못한 일이 많다고 하지. 역시 그분들에 대한 평가도 달리하는 분들도 있어요. 그런데 생각해 보면 그분들이 모두 하나님이 아니고 사람이잖니. 그래서 나라일을 하면서 잘못할 수도 있는 거란다."

"그 보다도 채명신 장군님에 대해서는 왜 묻지 않니?"

"아, 참, 그런데 왜 채 장군 할아버지는 장군들이 계신 저 위에 안 계시고 여기 사병들 옆에 계신 건가요?"

"그분이 그런 유언을 했단다. 사병들 옆에 묻어달라고. 참 훌륭한 군인이시란다. 채 장군 할아버지는 이 할아버지가 소대장으로 근무할 때인데 별이 두 개인 군단장이셨단다. 군대에서는 굉장히 높은 분이셨지. 나중에 내가 제대하고 신문사에 있을 때 그분과는 여러 차례 대화할 기회가 있었는데, 늘 공산당으로부터 나라를 지켜야 한다는 걱정만 하시더구나."

이때 손자는 일요일에 있을 자카르타에서 열리는 아시안 게임 축구결승전을 이야기하면서 일본 한 테 우리나라가 지는 것이 좋겠다고 했다. 나는 깜짝 놀라서 왜 그런 나쁜 생각을 하느냐고 물었다. 그랬더니 녀석이 그런 말을 한 이유가 있었다.

"할아버지 왜 손흥민이는 금메달 따면 군대 안 가도 된다고 해요? 누구나 남자면 군대에 가야 한다는데 운동 잘한다고 군대 안 가면 나라는 누가 지켜요?"

"응, 그래서 네가 일본 한 테 졌으면 좋겠다고 했구나? 원래 운동선수들은 꽤 오래전부터 올림픽 같은 데서 금메달을 따면 국위를 선양했다고 군대 안 가게 해줬단다."

"그건 잘못됐다고 생각해요. 그런데 언제부터 그랬어요?"

"내 기억으로는 1976년인가 몬트리올 올림픽 때일 것 같다. 그 때 양정모라는 선수가 레슬링 경기에서 금메달을 목에 걸었는데 그래서 군대에 안 가도 됐고, 그때부터 해서 지금까지 그런 사유로 군대에 안 간 사람이 약 9백 명 정도가 되는 것으로 알고 있다. 축구뿐 아니라 야구와 문화예술인들도 같은 혜택을 받아왔기 때문이란다."

"바둑을 잘 두는 이창호 9단도 아마 국제대회에서 우승해서 군대에 안 갔지?"

"그러니까 요즘은 사이비 종교인들도 군대 안 간다고 데모를 하잖아요. 다 안 간다면 그럼 공산군은 누가 막아요."

"그래, 네 말이 옳구나. 예전엔 나라가 가난할 때이니까 그랬다고 치자. 하지만 지금은 세계에서 열 번째 안에 드는 잘 사는 나라인데, 그런 제도는 이제 그만 거둬야 한다고 할아버지도 생각한다."

이런저런 이야기를 하면서 녀석을 간신히 이해를 시키고 식당으로 가려고 차를 타자, 할머니가 계신 집으로 가자고 한다. 밖에서 먹는 것보다 집에 가서 할머니가 해주는 밥을 먹고 싶단다.

"윤준아! 너는 왜 집에서 해 먹는 밥을 그리도 좋아하는 거니? 다른 아이들은 나가서 사 먹는 것을 더 좋아하던데, 넌 참으로 특별하구나"

"응, 그건 할머니가 직접 만들어 주시는 밥을 먹으려고 하는 거지요. 왜 그런지 아세요?"

"그걸 잘 모르겠구나."

"할아버지도 참, 식당 밥은 그냥 손님에게 팔려고 만든 밥이고, 집에서 만든 밥은 할머니의 정성이 잔뜩 들어간 밥이잖아요. 그게 다른 거지요."

"참, 말도 잘한다. 너도 시인이 되려고 그러느냐?"

"당연하지요. 할아버지가 유명한 시인인데 그 피를 속일 수가 없 겠지요? 하하하~"

"하 하하~ 그 녀석 참!"

집에 와서 할머니가 만들어 준 밥을 먹으면서 이번엔 주일에 자기가 대표기도를 해야되는데 할아버지가 기도문을 쓰는데 좀 도와주라고 한다.

"기도는 자기가 하나님께 드리는 고백이란다. 그걸 할 때 어떤 내용을 담아야 하는지는 가르쳐 줄 수 있지만 기도하는 방법은 네가 스스로 정성을 다해 하다 보면 자연히 알게 된단다. 자, 그러니 먼저 너는 네 반의 친구들을 대표해서 한다는 생각을 가지고 우선 하나님께 예배드릴 수 있게 해주신데 대해 감사하다고 고백해 보거라. 그다음엔 하나님의 은혜에 대해 감사했던 점을 일일이 말씀드려보거라. 또 그 다음엔 앞으로 너희들이 신앙생활을 하고 학교생활을 하는 가운데 잘 할 수 있게 해주십사 하고 말씀드려라. 그러면 된다."

"할아버지, 내가 하나님께 드리고 싶은 말씀을 하면 된다는 말이지요?" "그렇단다. 한 가지 더 예를 들어 보랴? 오래전에 사신 분인데 서울대학교 미술대학에 교수로 계셨던 장욱진 선생님이라고 계셨다."

"오, 그 할아버지도 장 씨네요. 우리 친척인가 봐요."

"아니란다. 친척은 아니고 그냥 같은 성씨일 뿐이다. 그분은 늘 유치원생 같은 그림을 그렸던 분인데, 말씀하시기를 '예술은 가르치는 게 아니라 자기가 하는 것'이라고 하셨다. 기도도 마찬가지라고 본다. 기도 역시 배워서 하는 것이 아니라 자기 신앙이 깊으면 가슴 속 깊은 곳에서 기도하는 마음이 솟아 나오는 것이란다."

"약간 어려운데요. 하지만 할아버지의 말씀을 알겠어요. 저 혼자서 해보겠어요."

"그래, 그럼 기도문을 한 번 만들어서 보여줘 봐라"

"네, 알겠습니다."

녀석은 정성을 다해 기도문을 작성해 나갔다.

아홉.
마음이 넓어진 손자

하루는 태권도장으로 손자를 데리러 가다가 손자의 친구를 만났다. 그 녀석은 나를 보더니 아주 공손히 인사를 한다.

"윤준이 할아버지, 안녕하세요?"

"그래, 준영이구나, 잘 지냈니?"

"네"

그런데 준영이가 조금 있다가 나에게 묻는다.

"할아버지, 윤준이 키가 얼마예요?"

"글쎄다. 1 미터 30센티인가 그럴 거다. 그건 왜 갑자기 물어보니?"

"아니예요. 그냥 저보다 큰가 해서요."

"너는 얼만데?"

"1 미터 40센티예요."

"오, 네가 훨씬 크구나."

준영이는 그 말을 하고는 꾸뻑 절을 하고는 얼른 달아난다.

준영이가 간 뒤 곰곰이 생각해 봤다. 어째서 녀석이 갑자기 윤준이 키를 물어보고 저보다 작다는 것을 나에게 확인시켜주고는 달아나 버렸을까? 한참을 생각해 보니 그 깊은 뜻을 알만 했다. 아이들의 시샘에서 비롯된 것 같았다. 사실 며칠 전에 친구인 준영이 할아버지와 손자 이야기를 하다가 윤준이가 3학년이 되어 반에서 회장에 뽑혔다고 자랑을 한 일이 있었다. 그런데 이 말을 준영이 할아버지가 준영 이에게 "윤준이가 회장이 됐다"고 말해준 모양이다. 그 말에 약간 자존심이 상한 준영이가 윤준이보다 잘난 것은 키가 큰 것이라고 생각하고 그것을 나에게 자랑한 것 같다고 추측하게 되었다.

역시 아이들의 샘이 보통이 아닌 것 같았다. 나는 손자와 집으로 오면서 방금 전에 준영이가 한 말을 들려주었다.

"윤준아, 조금 전에 네 친구 준영이를 만났는데 네 키가 얼마냐고 묻더니 자기보다 작다는 것을 확인하더라."

"그랬어요? 아마 준영이가 내가 회장이 된 것에 대해 샘이 나서 그랬을 거예요. 준영이가 나보다 10센티는 더 커요. 그냥 두세요. 비교할 게 없으니까 그랬을 거예요."

아주 대범하게 말한다. 그러면서 하는 말이 더 걸작이다.

"할아버지, 누구든 아무리 잘 생기고 공부를 잘한다 해도 마음이 넓지 않으면 무슨 소용이 있겠어요. 안 그래요? 친구들이 내가 준영이 보다 잘 생겼다고 하고 공부도 1등을 하는데 회장까지 되니까 샘도 날만해요."

"그래, 네 말이 옳다. 이 세상에서 가장 아름다운 게 무엇인지 아니? 그건 꽃이 아니라 아름다운 마음씨를 가진 사람이란다. 거기에 아름다운 모습까지 갖추었다면 하나님이 정성껏 만들어 보내주신 선물이지. 바로 너 같은 사람이지 하하하. 그러니까, 누구든 아름다운 마음씨에 아름답게 살아간다면 사랑과 행복을 모두 갖춘 셈이란다. 이 세상 모든 사람들이 아름답게 생각하고, 아름답게 살아간다면 얼마나 좋겠니. 그렇게만 된다면 이 세상은 분명 아름다울 수밖에 없을 것이다. 그게 바로 천국이란다. 사람들이 서로 시기하고 질투만 한다면 어떻게 되겠니. 불행과 고통만 있겠지? 그러니 매사를 긍정적으로 생각하고, 늘 감사하면서 살아야하는 것이다. 알겠느냐?"

"네, 알겠어요."

엊그제 저녁이었다. 내가 손자에게 물었다.

"그래, 회장님은 회장 노릇 하기가 할 만하신가요?"

"아니예요. 힘들어요."

"무엇이 힘 드는데?"

"아니, 그게, 선생님 심부름을 하는 거라든가, 청소할 때 솔선수

범하는 것은 하나도 힘들지 않아요. 그런데 친구들이 수업시간에 떠든다든가, 장난을 칠 때 선생님이 꼭 나중에 그것도 회장이 잘못해서 그렇다고 하실 때면 정말 힘들어요."

"그렇구나, 그러면 평소에 친구들에게 공부시간엔 장난을 치지 말고 떠들면 안 된다고 타이르렴."

"아무리 그래도 소용없어요. 그때 뿐이예요. 특히 재원이가 미워요. 얼마나 장난꾸러기인지 몰라요."

"힘들긴 하겠구나. 그런데 윤준아, 아무리 그렇다 해도 친구를 미워해선 안 된다. 왜냐면 사람은 모두 완전하지 않거든, 누구든지 장단점이 있게 마련이란다. 하나님이 아닌데 사람이 완벽할 수는 없지. 할아버지도, 너도 마찬가지야. 그래서 '인생은 미완성'이라고 한단다."

"미완성이 뭐에요?"

"완성된 것이 아니라는 것이지. 완전히 익은 것이 아니라는 말이다. 계란 요리도 완숙도 있고 반숙도 있지 않니? 그러니 친구들의 좋은 점만 바라보도록 해라. 그러면서 한편으로는 너 자신에게도 좋은 점은 무엇이고 좋지 않은 점은 무엇인지 찾아보거라. 그래서 좋지 않은 점을 고치면 아마 너의 친구들이 너를 회장으로 더 존중하고 네 말에 따를 것이 다. 알겠느냐?"

"네, 알겠어요."

대답하는 태도를 보니 녀석의 마음이 더 넓어진 듯했다.

제6부
아름다운 대화에서 오는 즐거움

하나.
천성이 효성 덩어리인 손자

우리 집 손자의 효심은 천성인 것 같다. 녀석이 금요일 저녁에 갑자기 나한테 한 가지 제안을 해왔다.

"할아버지. 오늘 구몬 숙제를 토요일 것까지 해치워야겠어요."

"오, 그러니? 그것 참, 잘 하는 일이다. 그러면 토요일에 마음 놓고 쉴 수 있겠구나."

"그게 아니고 내일 영화 한 편을 보러 가려고요."

"그래? 무슨 영화가 보고 싶은데?"

"'코코'라는 영화예요."

"그럼 가서 보고 오거라. 그런데 누구하고 갈 건데?"

"당연히 할아버지와 같이 가야지요."

"왜 하필 할아버지냐? 내일 나도 바쁜데"

"에이, 할아버지도, 아빠 엄마는 출근하고, 할머니는 누나 공부하는데 뒷바라지하신댔어요. 그러니 할아버지가 당첨된 거지요.

ㅎㅎ."

 다음날 하는 수 없이 극장에 따라가기 위해 마을버스 정류장으로 갔다. 승용차로 가려다 버스와 지하철을 이용키로 한 것은 녀석에게 대중교통수단을 이용하는 법을 가르쳐주기 위해서였다. 정류장에 도착하자 녀석이 갑자기 나에게 말을 하지 말란다. 정류장 안내 전광판에 '미세먼지 나쁨'이라 표시된 것을 가리키면서 할아버지처럼 노인들은 기관지가 약하니까 입으로 숨을 쉬지 말고 코로만 숨 쉬라고 일러준다. 그러면서 "우리 할아버지 오래 사셔야 하잖아요." 하고 능청을 떤다.

 설 명절이 며칠 앞으로 다가왔다. 이번에도 고향 길엔 나만 혼자 다녀와야 할 것 같다. 그래서 손자에게 넌지시 물었다.

 "윤준아, 올 설에도 천안에 갈거니?"

 "그럼요. 당연히 가야지요."

 "설엔 하룻밤을 자고 와야 하거든, 그런데 할머니도, 아빠 엄마도, 누나도 같이 못 가는 데 그래도 괜찮겠니?"

 "괜찮아요."

 "그럼 저녁에 누구하고 잘 거니?"

 "할아버지와 2층 방에 올라가서 자면 돼요. 여기서도 할아버지와 자곤 했잖아요."

 "그래 알았다. 그런데 자다가 엄마 찾는 것은 아니지?"

"할아버지도 참, 나도 이제 10대예요. 걱정마세요."

"그런데 한 가지 더 물어보자. 천안 가면 무엇이 좋으냐?"

"응, 우선 공기가 좋아요. 그리고 대학원에 다니는 형도 만날 수 있고, 증조부 산소에도 갈 수 있고, 그래서 좋아요."

"공기가 좋고, 형도 만날 수 있어 좋다는 것은 이해가 가지만, 증조부 산소에 가는 게 좋다는 것은 무슨 뜻이냐?"

"내가 후손이잖아요. 당연히 명절에 조상을 찾아뵈어야지요. 그분이 계셨기에 내가 있는 게 아닌가요? 할아버지는 전에도 말했는데 그걸 그사이 잊으셨어요?"

"그래, 할아버지가 요즘엔 전에 한 말을 자주 잊는 것 같구나. 미안하다"

"할아버지, 자꾸 잊으면 그게 치매래요. 얼른 병원에 가서 진찰 받으세요. 내일 내가 아빠한테 얘기해서 병원에 모시고 가라고 해야겠어요."

"그 정도는 아니다. 그리고 이미 보건소에 가서 검사를 받았는데 아직은 정상이란다."

"괜히 깜짝 놀랐잖아요. 할아버지 오래 사셔야 해요."

"그래, 알았다. 그런데 왜 할아버지가 오래 살아야 되니?"

"내가 커서 효도하려고요. 맛있는 것도 사드리고 영화도 같이 보고, 등산도 같이 하려고요."

"고맙구나. 열심히 걷기운동 해서 건강해야겠다."

"할아버지 꼭 오래 사셔야 해요. 알았죠?"

"그래, 알았다."

어제 저녁때였다. 태권도장에서 나오는 손자를 마중 나갔더니 반갑게 내 손을 잡더니 "할아버지~"하고 다정하게 부른다. 왜 그러느냐고 물었더니 뜬금없이 올해 할아버지 나이가 얼마인지 알았다고 말한다.

"어떻게 할아버지 나이를 알게 됐느냐?"

"어제 아빠한테 물어봤어요."

"왜 그걸 물었느냐?"

"요즘은 100세 시대라고 하잖아요. 그래서 우리 할아버지가 얼마를 더 사실 수 있는지 알아보려고요."

"그건 왜 알고 싶었는데?"

"내가 장가가서 아들을 낳을 때까지는 사셔야되잖아요. 할아버지는 충분히 사실 수 있다는 결론이 나왔어요."

"그걸 어떻게 아니?"

"교회에 102살 잡수신 할아버지가 계시잖아요. 그러니까 할아버지도 그렇게 사실 수 있는 거지요. 아니다. 우리 할아버지는 성경에서처럼 120살까지 사실 수 있어요."

"원, 녀석도, 그걸 하나님이나 아시지 우리 인간이 어떻게 아니?"

"내가 하나님께 기도하겠어요. 우리 할아버지 할머니 120살까지 사시게 해달라고요."

엊그제였다. 새 학기를 앞두고 손자에게 물어봤다.

"윤준아, 우선 3학년이 된 것을 축하한다. 이제는 학년도 올랐으니 생활방식도 많이 달라지겠구나, 태권도가 끝나면 할아버지 집에 안 들르고 태권도장 차로 곧바로 집으로 가겠구나?"

"아뇨. 그냥 지금처럼 할아버지 집으로 와요. 관장님에게도 그렇게 말했어요."

"왜 집으로 곧장 안 가고?"

"집에 가면 엄마가 퇴근 전이니까 밥이 없어요. 할아버지 집에서 밥을 얻어먹기 위해서도 이리 와야 해요."

"하하하~ 그렇구나. 그런데 겨우 밥 얻어먹으러 할아버지 집으로 온다는 말이냐?"

"그것도 있지만, 할아버지 할머니도 보고 싶고요. 할아버지도 내가 안 오면 보고 싶으실 것 아니예요. 그래서 겸사겸사 오는 거예요."

녀석의 효심어린 말에 잠시 말을 잇지 못했다.

둘.
'자유'의 소중함을 일깨워준 손자

우리 아파트 공원의 나무에선 요즘 들어 이른 아침부터 수컷 매미들의 구애(求愛)하는 노래소리가 요란하다. 매미들은 늘 초복이 되면 나타나기 시작해 찬바람이 나는 처서가 되면 한순간에 사라지곤 한다. 우리가 어렸을 때만 해도 곤충 채집이 숙제여서 매미나 잠자리, 방아깨비. 나비 등을 잡으러 들로 산으로 쏘다니곤 했다. 요즘은 곤충 채집 같은 숙제도 없지만, 방학도 코로나로 짧아져서인지 아이들은 고작해야 매미 잡기에만 나서는 것 같다.

필자의 손자도 방학이 되면 어김없이 매미 잡기를 한다. 지난 주말에도 녀석은 요란한 매미 소리를 듣고는 조반을 들자마자 내게 매미를 잡으러 나가자고 채근했다. 나는 녀석을 데리고 공원으로 나가 서너 시간 돌아다니면서 암수 매미 10여 마리를 잡아 매미 통에 넣어왔다.

그런데 한 가지 신기한 것은 녀석은 막상 매미를 잡아 집으로 돌아오면 금방 창문을 열고 매미들을 모두 밖으로 날려 보낸다. 이번에도 그랬다. 내가 그 연유를 물어봤다.

"윤준아, 너는 왜 매미를 힘들게 잡아서는 집에 와서 그대로 날려 보내니?"

"응, 그거 불쌍해서 그래요."

"뭐가 불쌍한데?"

"7년씩이나 땅속에 있다 나와서 하루 이틀 살다가 죽는다는데 어떻게 가둬 두겠어요?"

"오, 그런 훌륭한 생각을 하고 있었구나."

"그렇잖아요. 할아버지, 쟤들도 세상에 태어났으면 자유롭게 살아야 하지 않겠어요. 매미 통에 갇혀 있다가 하루 만에 죽으면 그 생애가 얼마나 비참하겠어요."

나는 녀석의 말을 듣고 '자유'의 소중함을 일깨워준데 고마운 마음을 갖지 않을 수 없었다.

"네 말이 모두 옳구나. 그래, 매미에게 자유를 준다는 네 생각을 할아버지는 높이 산다. 그리고 미처 생각하지 못한 나에게 자유의 소중함을 다시 일깨워준 것에 진심으로 고맙게 생각한다."

"뭘 그런 걸 가지고 그러세요. 할아버지가 늘 그리셨잖아요. 인간에게는 하늘이 주신 것 중에서 중요한 것이 자유라고요."

"그랬지. 그런데 그 자유에는 반드시 책임이 따른다고도 했지.

책임이 없으면 그건 방종이라고."

"알고 있어요."

"그런데 일찍이 자유의 소중함을 동물한테서 깨달은 사람에 대해 이야기 해줄까?"

"좋아요. 얼른 해주세요."

"캐나다 출신으로 미국에서 시카고 대학교 교수로 계셨던 분인데 1976년에 노벨문학상을 수상한 솔 벨로 (Saul Bellow, 1915~2005)라는 분에 관한 이야기다. 그는 유년시절에 너처럼 체험을 통해 '자유'의 소중함을 깨달았다고 한다. 그의 집은 숲 근처에 있었다. 어린 솔 벨로는 숲에서 야생동물을 잡아 집에서 키우는 일에 재미가 들었다. 숲에는 갈색 지빠귀 떼가 날아와서 쉬다가 가곤 했다. 지빠귀의 예쁜 노래소리에 반한 솔은 새끼 한 마리를 잡아와 새장에 가두었다."

"솔은 매일 아름다운 새소리를 듣게 되었다는 생각에 마음이 벅차올랐다. 이튿날 아침에 보니 갈색 지빠귀의 어미가 입에 먹이를 물고 와서는 새끼에게 정성껏 먹이를 먹이더란다. 솔은 그 광경을 보고 어미의 자식 사랑이 어떤 것인가를 느낄 수 있었단다. 그런데 다음날 새장에 가보니 새끼 지빠귀가 죽어있지 뭐니. 솔이 얼마나 슬퍼하는지 솔의 아버지는 곧바로 솔을 데리고 유명한 조류 학자를 찾아가서 새끼가 왜 죽었는지 물어봤다."

"그 조류 학자는 솔에게 이렇게 말하더란다. '갈색 지빠귀 어미는 자기의 새끼가 갇힌 걸 알고 일부러 새끼에게 독초를 먹인 것입니다. 평생 새장에 갇혀 사느니 차라리 죽는 게 낫다고 여긴 것이지요.' 그 말을 들은 솔은 그 후로는 절대로 야생동물을 잡아다가 기르지 않았다고 한다. 한낱 새에게도 '자유'는 이렇게 소중한 것이다. 자유란 공기와 같은 것이어서 그것이 충분할 때는 고마움을 모르지만 그것이 없으면 나 자신의 성장은 불가능한 것이다."

"할아버지는 가끔 이런 생각을 하게 된다. 북한 주민들이 목숨을 걸고 국경을 넘는 것은 그저 배가 고파서만 그러는 게 아닐 것이라고 말이다. 그들은 그보다는 자유를 얻기 위해서 더 악착같이 북한을 탈출하는 것이 아닌가 한다. 그렇다면 지금껏 자유를 만끽하고 있는 우리들은 그분들을 인간답게 대접해드려야 할 것이라고 생각한다."

"그런데 실상은 그렇지 않다는 말씀인가요?"

"그렇다. 그게 더 큰 문제인 것이다. 입으로는 한 동포라고 하면서 실제로는 자신들에게 유리한지 아닌지를 가려가면서 그분들을 대한다는 것은 잘못하는 것이다."

"하나님께서 인간을 불완전한 존재로 만드신 것도 역시 인간에게 자유의지를 부여하기 위한 것이란다. 왜냐면 그 자유를 통해서 자기 인격을 스스로 완성해 가라는 하나님의 의지가 담겨 있기 때문이지. 만약 완전체의 인간을 만들었다면 인간은 성취할 게 없어진다. 꿈도 목적도 없는 존재란 것이지. 그러므로 나에게 어떤 시련이 닥친다면 그것을 해결할 책임은 당연히 자유의지를 지닌 나에게 있는 것이란다."

"할아버지, 너무 어려워요. 좀 쉬운 말로 설명해주세요."

"너무 어렵냐? 그래, 다시 말하면 사람은 물론 동물에게도 자유는 소중하다는 것이지, 네가 매미를 풀어준 것도 매미의 자유를 위해서이지 않느냐. 하물며 인간이라면 말할 것도 없지. 그런데 자유에 따른 책임은 질 줄 알아야 한다. 자기가 자유롭게 일을 하고도 잘못했으면 책임을 져야 하는데 그러지 않고 그저 남의 탓으로 돌리는 사람들이 많다는 것이지. 갈색 지빠귀도 아는 진실을 모르다니 한심한 인간들이지, 이제 알겠느냐?"

"네, 잘 알았어요."

셋.
추석에 손자에게 들려준 '조율이시'의 의미

우리 민족의 고유 명절인 추석이 하루 앞으로 다가왔다. 코로나로 인해 고향에 못 가니 지난해에 이어 올해도 추석 전날 아들네를 내 집으로 오라고 해서 추석날 추도예배를 드리고 난 후 식구들이 먹을 음식을 준비하도록 했다. 아들 내외는 아침에 시장을 봐서 전을 부치고 갈비찜을 만드는 등 한동안 분주한 모습이었다.

나는 부엌에서 일손이 바쁘게 돌아가는 동안 초등학교 6학년짜리 손자와 바둑 두기 삼매경에 빠졌다. 부엌일을 돕던 대학생 손녀가 '너는 좀 쉬라'는 제 엄마의 말이 떨어지기가 무섭게 달려오더니 자기에게도 바둑을 가르쳐 달라며 끼어든다.

그러자 손자가 제 누나를 흘깃 쳐다보더니 "지금 대마(大馬)가 다 죽게 됐는데 좀 조용히 하라"고 힐책한다. 이날 손자와의 대국(對局) 성적은 4승 1패로 끝났다.

바둑판을 물리고 나더니 손자가 "명절 때 천안 큰 집에 갔을 때가 좋았다"면서 "언제까지 코로나 때문에 할아버지가 그리운 고향에 가지 못해서야 되느냐"며 나에게 위로의 말을 건넨다.

그래서 내가 손자에게 무엇이 큰 할아버지 댁에 가면 좋더냐고 물었다. 손자는 우선 일가를 만나는 게 좋았고, 감이나 밤을 사촌 형들과 따서 먹는 게 좋았다고 했다. 그러면서 내게 '왜 제사상에는 대추나 밤을 반드시 올려야하는 것이냐'고 물어왔다.

"할아버지, 있잖아요. 3년 전에 천안 큰할아버지 집에서 차례를 지낼 때 큰할아버지께서 다른 과일은 제상에 올리지 않아도 되지만 대추, 밤, 배, 감은 반드시 올려야 한다고 하셨는데 그 이유가 뭐예요?"

"왜 이제야 그 이유를 묻는 거냐?"

"그날 큰할아버지께 여쭤봤더니 제사 끝나고 알려준다고 하시고는 잊어버리셨는지 알려주지 않으셨어요."

"그랬구나, 호기심이 많은 네가 그동안 궁금해서 어떻게 참았느냐? 그럼 지금부터 내가 알려주마."

그러자 아이들의 눈이 초롱초롱해진다.

"우선 대추, 밤, 배, 감을 한자로 뭐라 부르는지 아느냐?"

손자가 선뜻 대답 못하자 옆에 있던 손녀가 대답한다.

"대추는 조(棗), 밤은 율 (栗), 배는 이(梨), 감은 시(枾)가 아닌가요?"

"역시 대학생답구나. 조는 대추나무 조이고, 밤은 밤나무 율 이고, 이는 배나무 이, 감은 감나무 시 자다. 이 네 가지 과일을 '조율이시(棗栗梨柿)' 라고 한다. 그러면 각각의 과일들에 담겨져 있는 심오한 의미들을 하나씩 알아보자"

손자가 성급했는지 "그런데 왜 이 과일들을 제상에 꼭 올려야 하는 거예요?" 하고 묻는다. "녀석도 뭐 그리 급하니, 이제부터 한 가지씩 알려주마. 먼저 대추다. 대추나무는 암수가 한 몸이란다. 한 나무에 열매가 주렁주렁 열리지. 꽃 하나에 반드시 열매가 맺힌단다. 열매를 맺지 않는 꽃은 절대로 없다. 그 말은 사람으로 태어나면 반드시 자식을 낳고 죽어야 한다는 뜻이다."

"그런데 요즘엔 아이를 안 나서 인구가 줄고 있다고 들었어요."

"그래, 그게 큰 문제란다."

대추 색깔은 무슨 색이냐고 물었더니 이구동성으로 붉은 색이라고 답한다.

"그렇지, 그 붉은 색은 임금님의 용포(龍袍)를 상징한단다. 그리고 대추씨는 한 개인데 열매에 비해 그 씨는 큰 것이 특징이며, 곧 왕을 뜻한다. 후손들 가운데 왕이나 성현(聖賢)이 나오기를 기대하며, 선조를 왕처럼 귀하게 모신다는 자손들의 정성을 담고 있다"

"다음은 밤이다. 밤나무는 밤톨이 씨 밤(생밤이라고도 한다)인채로 달려 있다가 열매가 익으면 씨 밤을 덮고 있던 가시가 쫙 벌어지면서 밤알이 땅에 떨어져 싹이 트도록 되어있다. 자식을 부모가 자수성가할 수 있을 때 분가를 시켜주듯이 밤톨이 독립된 생활을 하게 하는 것이란다. 씨 밤이 땅속에서 썩으면서 밤나무가 땅 밖으로 나오는데 그래서 밤은 자신의 근본을 잊지 말라는 것과 자기와 조상의 영원한 연결을 상징하는 것이다."

"밤 한 송이에 씨알은 몇 개가 들어있는지 아는 사람?"

"세 개요." 이번엔 손자가 맞췄다.

"그럼 왜 세 톨인지 아니? 아무도 모르는 구나. 그건 3정승(政丞), 즉 영의정, 좌의정, 우의정을 의미한다. 다음은 배다. 배는 껍질이 누렇기 때문에 황인종을 뜻한다. 오행(五行)에서 황색은 우주의 중심을 나타낸다. 흙의 성분인 것이다. 이것은 바로 우리 민족의 긍지를 나타내는 것이란다."

손녀가 물었다.

"배의 속살이 하얀 것은 우리 민족이 백의민족이어서 그런가요?"

"그렇단다. 우리민족의 순수함과 맑은 정신을 나타내는 것이다. 배는 씨가 6개인데 육조(六曹), 즉 이조, 호조, 예조, 병조, 형조, 공조의 판서(判書)를 의미 한다. 그리고 속담에 '콩 심은데 콩 나고 팥 심은데 팥 난다'는 말 들어봤지?"

"네"

"그게 천지의 이치인데 그렇지 않은 게 있다. 그게 감나무다. 감은 씨앗을 심으면 감나무가 나지 않고, 대신 고욤나무가 난다."

손자가 얼른 묻는다. "그럼 어떻게 해요?"

"그래서 고욤나무가 나오면 감나무 가지를 잘라서 고욤나무에 접을 붙여야 한다. 그러면 그 다음 해부터 감이 열린다. 이 때문에 감나무가 상징하는 것은 사람으로 태어났다고 해서 다 사람이 아니고 가르치고 배워야 비로소 사람이 된다는 것이다. 가르침을 받고 배우는 데는 생가지를 '칼로 잘라서 접붙일 때'처럼 아픔이 따른다. 그 아픔을 겪으며 선인(善人)의 예지(叡智)를 받을 때 비로소 하나의 인격체가 될 수 있다고 한다"

"감나무는 아무리 커도 열매가 한 번도 열리지 않는 나무가 있다. 그 나무를 꺾어보면 속에 '검은 신'이 없는데, 감이 열리는 나무는 '검은 신'이 있는 것을 볼 수 있다. 이것을 두고 부모가 자식을 낳고 키우느라 그만큼 속을 상하였고 말한다. 감의 씨는 8개다. 그것은 팔 방백, 즉 8도 관찰사, 8도 감사를 뜻 한다. 그런 벼슬아치가 후손들에게서 나오라는 의미다."

"이처럼 조율이시가 제사상(祭祀床) 또는 차례상(茶禮床)의 주된 과일로 오르는 것은 이들 과일이 상서(祥瑞), 희망, 위엄, 벼슬을 나타낸다고 인식됐기 때문이다. 여기서는 기독교식 추도예배를 드리기 때문에 이 과일들을 준비할 필요가 없다. 다만, 조상님을 기리고 추모하는 것은 자손 된 도리이므로 이런 고유의 풍속은 알고는 있어야 한다. 나도 너희들 증조부로부터 배운 것이니 너희들도 잘 기억해 두었다가 네 자식들에게 가르쳐주면 좋겠다."

"네, 알겠습니다."

손자가 큰 소리로 대답했다.

넷.
아름다운 대화에서 오는 즐거움

　노후에는 손자들의 장성하는 모습을 지켜보는 것만큼 즐거운 일도 드물 것 같다. 특히나 녀석들과의 대화에서 그들이 조부모인 우리 내외를 마음으로 존경하고 사랑하고 있다는 것을 확인할 때는 하늘을 나를 정도로 기분이 좋다. 그래서 그런지 그럴 때마다 그 즐거움을 오래오래 간직하고 싶어서 '장수해야 겠다'는 부질없는 욕심마저 들곤 한다.
　엊그제 있었던 일이다. 내가 손자를 데리고 태권도장에서 집으로 오던 중이었다. 학원 건물 엘리베이터를 타면서 며칠 전에 손자가 할머니에게 보여준 효심어린 행동에 대해 칭찬을 아끼지 않고 있었다. 그날은 내가 출타 중이어서 아내가 손자를 데리러 갔었다. 아내는 손자를 데리고 학원 건물 3층에서 엘리베이터 쪽으로 걸어오고 있었다고 한다.
　그런데 3층에서 엘리베이터 문이 열렸다. 바로 그때 손자는 할머니의 손을 놓고는 엘리베이터 쪽으로 쏜살같이 뛰어가면서 '스톱! 스톱! 하고 소리를 치더란다. 그리고는 탑승자에게 "우리 할머니가 다리가 아파서 걸음이 늦으니 잠깐만 기다려 달라"고 애원했단다. 다행이 아내와 손자는 그 엘리베이터를 타게 됐는데, 손자는 기다려준 탑승자에게 "고맙습니다." 하고 인사를 차리더란다.

이 이야기를 아내로부터 전해 들은 나는 손자에게 "정말 착한 일을 했다"며 침이 마르도록 칭찬을 해 주었다. 그랬더니 녀석은 "할아버지, 그거요. 그냥 할 일을 했을 뿐인걸요." 라고 말하는 것이다. 그래서 내가 다시 "그게 어째서 할 일을 했을 뿐이냐? 착한 일을 한 것이지."라고 하자 다시 녀석의 대답은 나의 상상을 초월했다. "내가 할머니 손자잖아요."라고 말하는 것이었다. 나를 두 번 기쁘게 해 주었다.

그날 녀석은 나와 같이 엘리베이터에서 내려 건물 밖으로 나오자 대뜸 이렇게 말했다.

"할아버지, 날씨가 무척 더워요."

"그래 오늘도 덥구나. 아마 네가 에어컨이 있는 곳에서 있다 나와서 더 덥다고 느낄 것이다."

"그런데 할아버지"

"왜 그러느냐?"

"오늘 사범님이 그러는데 노인과 어린이는 일사병에 걸리기 쉬우니까 더운데 나가지 말라고 했어요. 그리고 물도 많이 마시라고 했어요. 할아버지도 일사병 조심하세요."

"그래, 고맙다, 너도 운동할 때 물을 많이 마셔라."

"네"

나는 녀석의 이 말에 깜짝 놀라지 않을 수 없었다. 녀석이 그렇게까지 생각하고 있을 줄은 몰랐기 때문이다.

녀석의 할머니에 대한 립서비스는 거의 매일 계속되었다. 오늘도 녀석의 귀여운 언동은 저녁밥상을 받으면서 시작되었다. 손자는 목욕을 하고 나서 저녁 식탁에 앉자마자 할머니가 듣기에 기분 좋은 말을 던진다.

"할머니"

"오냐, 기도드리고 어서 밥을 먹어라."

"네, 알겠어요. 그런데 할머니"

"응, 뭐가 더 필요하냐?"

"아녀요. 나는 할머니가 만들어 주는 밥이 이 세상에서 제일 맛있어요."

"그러니? 고맙구나"

"정말이예요. 누나도 그랬어요. 할머니 밥이 제일이라고요."

"오냐, 알았다. 어서 먹어라."

저녁 식사 후에 아내는 감기 기운이 있다면서 잠시 침실에 가서 눕겠다고 했다. 그 말을 들은 손자는 할머니를 따라 들어가더니 고사리 같은 손으로 어깨를 주물러 준다고 했다. 그리고는 거실에 있는 나에게 할머니에게 얼음 찜질을 해야 하니까 냉장고에서 얼음 좀 가져오라고 하는 게 아닌가. 녀석의 이런 어른스러운 언행에 아내는 더이상 누워 있지 못하고 밖으로 나오면서 "윤준이가 주물러 줘서 다 나았다."고 말했다.

며칠 전엔 또 이런 일이 있었다. 이번엔 녀석이 나에게 립 서비스를 해 준 경우이다. 거실에서 장난감을 가지고 놀던 녀석이 뜬금없는 말 한마디로 나를 마냥 기분 좋게 해 주었던 것이다.

"할아버지"

"왜 그러느냐?"

"내가 이 세상에 태어나서 제일 기쁜 게 무언지 아세요?"

"글쎄다, 무얼까?"

"할아버지 손자로 태어났다는 거예요."

"뭐라고? 그게 정말이냐?"

"할아버지는, 정말이지요."

"그러니? 그래, 할아버지도 내 인생에서 가장 기쁜 것은 윤준이가 할아버지 손자로 태어난 것이란다."

손자와의 이런 아름다운 대화가 계속된다면 요즘 같은 무더위도 한 방에 날려버릴 수 있지 않을까 생각했다.

다섯.
나라꽃 무궁화를 가꾸며

처서가 지나면서 그렇게 무덥던 한여름 더위도 한풀 꺾이는 것 같다. 이제 여름은 가을에게 자리를 내주고 조용히 떠날 채비를 하고 있나 보다. 아침저녁으로 제법 시원한 바람이 기분을 상쾌하게 한다. 하지만 한낮엔 늦더위가 끝까지 심술을 부린다. 그래도 뜰엔 쓸쓸함이 퍼져나가는 계절이 더 가까이 다가오고 있다.

아침 일찍 걷기운동을 하다 보면 풀숲에선 귀뚜라미가 내는 소리 요란하다. 나뭇잎마다 맺힌 이슬은 영롱한 빛을 한껏 더 발휘한다. 그중에서도 아파트 잔디밭 가운데 심겨져 있는 무궁화 40여 그루가 앞다투어 아름다운 꽃을 피워내 보는 이들의 마음을 즐겁게 해준다. 오늘 아침엔 동네 주민 몇 분이 미리 준비해온 퇴비를 무궁화 나무에 뿌려주고, 정성껏 물을 주면서 올해도 어김없이 나라꽃을 보게 해줘 고맙다며 칭찬을 아끼지 않는다.

이곳에 심겨져 있는 무궁화는 주민들이 가장 아끼는 꽃나무다.

이 무궁화 나무들은 5년 전 식목일에 모 일간 신문사에서 분양해 주는 묘목을 동네 유지 몇 분과 함께 분양받아다 심은 것이다. 그중 몇 그루는 손자와 함께 꽃시장에 가서 사비로 사다가 심은 것도 있다. 그런데 심은 지 1년 만에 흰색과 분홍색 두 종류의 꽃 몇 송이를 피우기 시작해 매년 송이 수가 늘어나고 있다.

어느 나라고 간에 나라에는 그 나라를 상징하는 심벌이 있다. 그 제일이 국기(國旗) 이고, 다음은 국가(國歌)다. 그리고 세 번째가 국화(國花)다. 그런데 국화는 그 나라를 상징하는 꽃이기에 그 나라 사람들이 가장 좋아하고 사랑하는 꽃이다. 세계 주요 국가들의 국화를 보면 나름대로 다 그 나라를 상징하고 있으며, 그 나라 사람들이 사랑하고 좋아하는 꽃임을 금방 알 수 있다. 하지만 미국 같은 나라는 국화가 정해져 있지 않고, 주(州)에 따라서 주화(州花)가 정해져 있는 경우도 있다.

주요 국가들의 국화를 보면, 영국은 장미, 독일은 수레국화, 프랑스는 화창포, 이탈리아는 백합이다. 또 가까이는 중국이 수선이고, 인도는 양귀비, 일본은 벚꽃으로 되어있다. 우리나라의 국화는 물론 무궁화(無窮花)다. 무궁화가 우리나라의 꽃이 된 유래는 1896년 독립문을 건립할 당시 주춧돌을 놓는 의식에서 애국가 후렴에 '무궁화 삼천리 화려강산'이라는 구절을 넣음으로서 시작되었다는 설이 있다.

또 정부 수립 이후인 1949년 정부가 대통령 휘장과 입법, 행정, 사법부의 휘장을 모두 무궁화로 도안하여 제정한 데서부터 유래된 것이라는 설도 있다. 그런가 하면 1950년 태극기의 깃봉을 무궁화 꽃봉오리로 도안하여 제작한 데서 유래한다고도 한다.

무궁화는 세계적으로 250여 종이 있다고 한다. 한국무궁화연구회가 1990년 역사적인 기록과 국민의 의식을 조사하여 권장 보급 품종으로 선정한 무궁화는 22종이었다. 그러다가 2000년에 이를 대량 축소하여 11종을 재선정, 권장 보급 품종으로 공고했다.

무궁화는 7월에서 10월까지 계속 피고 지고를 거듭한다. 우리 동네에 심은 무궁화도 6월 중순부터 피기 시작했는데, 보통 아침에 한 나무에 서너 송이가 곱게 피었다가 저녁에 떨어지면 다음날 아침 다른 서너 송이가 이어서 핀다. 이렇게 피고 지는 꽃송이는 매년 한 나무에 평균적으로 2천 송이에서 3천 송이 정도가 핀다. 그래서 7월부터는 꽃이 피어있지 않은 날이 거의 없다.

무궁화 나무는 높이가 2m에서 4m까지 자란다. 묘목의 크기는 50cm 정도였는데 5년쯤 지나니까 2m 크기로 자라면서 곁가지도 나와 제법 무성해졌다. 무궁화의 한글 이름은 16세기부터 있었는데, 한자로는 처음에 목근화(木槿花)라고 표기 했다. 이것이 무건화, 무검화, 무경화, 무궁화로 그 이름이 변했다고 한다. 꽃의 색깔은 흰색, 분홍색, 자주색, 보라색 등 다양하다.

무궁화는 공해에도 강하고, 번식도 잘 되는 특성이 있다. 더욱이 예전엔 진드기가 많이 끼어 꽃을 제대로 볼 수 없었으나 그동안 수종개량을 해서 지금은 전혀 진드기가 생기지 않는다. 그렇기 때문에 요즘엔 정원수나 가로수 등으로 널리 가꿀 수 있다고 한다. 그 결과 길가나 학교, 공원 등에서 쉽게 만날 수 있는 꽃이 되었다.

이처럼 키우기가 쉬워졌는데도 아직도 무궁화동산이나 무궁화길은 찾아보기가 어렵다. 내가 나서서 아파트 공원을 무궁화동산으로 꾸며 보자고 마음먹게 된 것도 이런 연유 때문이다.

필자가 아파트 단지 내에 무궁화동산을 만들어보자는 생각을 하고 있을 때 마침 한 언론사에서 무궁화 보급운동을 펴고 있다는 것을 알게 되었다. 그해 처음 10그루를 분양받아 심었다. 그리고 그 뒤로 매년 10그루씩 분양받아 심었다. 그러나 제대로 가꾸지 못해 일부는 동네 어린이들이 뽑아버렸고, 잡초도 제때에 뽑아주지 않아 말라죽기도 했다. 그래서 지금 남아 있는 무궁화 나무는 겨우 40그루에 불과하다.

소설가 김동리 씨는 일찍이 나라꽃 무궁화는 우리나라와 우리나라 사람의 성격과 운명을 엿볼 수 있다고 한 바 있다. 왜냐 하면 무궁화는 가장 늦게 피지만, 생명력이 강하고, 꽃이 가장 오래가며, 그 꽃이 원시적이지만 신비스럽기 때문이라고 했다. 그래서 그는 이를 미루어 생각하면 우리 민족이 과거 오랫동안 많은 고난을 겪어왔으나 앞으로는 전 인류에게 신비로운 공헌으로 국제적인 영광을 누리게 될 것이라고 예견했다.

요즘 우리 마을 사람들은 매일 아침이면 삼삼오오 공원으로 나와 걷기운동을 하면서 "오늘은 무궁화 꽃이 더 많이 폈네."라고 하거나 "오늘은 무궁화 꽃이 더 아름답네." 하면서 한 마디씩 무궁화에게 덕담을 해주곤 한다. 그리고 활짝 핀 꽃을 배경으로 기념사진을 찍기도 한다.

공원 벤치에 앉아 이런 모습을 보면서 나는 내년에도 후년에도 계속해서 무궁화 묘목을 분양받아 공원 잔디밭에 심기로 마음먹었다. 그래서 그 잔디밭을 무궁화동산으로 꾸밀 계획이다. 식물도감에 보니 무궁화는 아욱과에 속하고 활엽관목이었다. 또 상징은 우리 민족의 기상을 나타낸다고 되어있다. 학명은 히비스커스 시리커스 린(Hibiscus Syricus Linn)이며, 영어로는 Rose of Athea Rosea 이다.

품종은 크게 배달계, 아사달계, 단심계로 나누는데, 배달계는 순백색의 꽃을 의미한다. 흰옷을 좋아했던 우리 배달민족을 닮았다 하여 이를 상징하는 의미에서 붙여진 이름이라고 한다. 배달계로는 배달, 사임당, 한서 등이 있다.

아사달계는 꽃은 희고 중앙에 붉은색 단심이 있으며, 꽃잎에 규칙적으로 붉은색 무늬가 있다. 끝으로 단심계는 꽃 한가운데의 꽃

술 둘레에 붉은 빛깔의 단심(丹心)이 있어서 붙여진 이름이다. 단심계는 꽃잎의 색에 따라서 백, 홍, 청 단심으로 나뉜다.

　무궁화 꽃에는 홑꽃과 겹꽃 그리고 반 겹꽃이 있으며, 그 종류도 자꾸 발전되어가고 있다. 그래서 올해는 있던 종류가 내년엔 없어지기도 한다고 한다. 현재 우리 동네 무궁화동산에는 배달계가 20그루, 단심계와 아사달계가 각각 10그루씩 심겨져 있다. 꽃은 대부분 홑꽃인데 이따금 겹꽃도 발견된다.

　내년부터는 지금까지의 경험을 살려 잡초도 제때에 뽑아주고 퇴비도 충분히 줄 계획이다. 또한 되도록이면 주변 아파트 주민들에게도 알려 공원의 잡목들 대신 무궁화를 심도록 권장하려고 한다. 그리고 무궁화동산에는 이름도 아름답게 '나라꽃 무궁화동산'이라는 팻말도 세울 참이다. 나라 사랑하는 마음으로 국화인 무궁화를 사랑하고 이를 더 많이 보급하여 누구나 어디서 나 볼 수 있는 나라꽃 무궁화동산이 많이 생겨나길 기대해 본다.

여섯.
내 인생의 적은 누구일까?

주일 예배를 드리려 교회로 가면서 외손자와 많은 이야기를 나눴다. 중학교 3학년인 손자는 고입을 앞두고 육체적으로나 정신적으로 어려움이 많은 모양이다. 아직은 상위 구룹에 들고 있지만, 그 성적을 지켜나가기가 더 힘들다고 한다.

그래도 부모님이 들어가 줬으면 하는 고교가 자신도 원하는 고교이어서 다행이지만, 그게 곧 성공의 길로 가는 것인지 아직은 잘 모르겠다고 한다. 꼭 내가 저 나이 때 가졌던 생각을 '이 아이가 하고 있구나' 하는 생각이 들었다. 그래서 다음과 같은 이야기를 해 주었다.

"나를 대신해서 내 인생을 살 수 있는 사람은 이 세상에 없단다. 누구든 나만이 내 인생을 살 수 있다는 말이다. 왜냐하면 나보다 내 인생을 더 잘 살아줄 수 있는 사람은 아무도 없기 때문이다. 그만큼 내 인생에 있어서 나는 영원한 1등이요, 챔피언인 셈이다."

"내가 나이가 들어가면서 깨달은 게 있다. 우리 인생에서 최대의 적은 누구일까 하는 것이다. 그런데 말이다. 그게 바로 다름 아닌 '나'였다. 나 자신에대한 내 인식이 어떠냐에 따라 내 태도가 결정된다는 것을 알았던것이다."

"만약에 내 인생을 두고서 스스로 무기력하고 실패한 인생이라고 인식하고 그런 태도를 보인다면 그런 인생이 된다고 본다. 그렇지 않고 나 자신을 격려하면서 성공으로 가려는 인생이라고 인식하고, 그런 태도를 갖는다면 그와 같은 인생이 될 수 있단다. 따라서 어떤 어려운 상황에서도 의기소침하지 말고 꿋꿋하게 이겨내면 실패 없는 인생을 살 수 있다. 그 과정에서 중요한 것은 나보다 더 나은 나를 발견할 수 있도록 나 스스로 격려 하는 것이다. 나에게 '할 수 있다' 는 말을 계속 해보거라. 그러면 자신도 모르게 일이 할 수 있게 된단다. 이건 순전히 나의 경험에서 얻은 교훈이다."

"누구나 인생을 살다 보면 어려운 일이 하나 둘이 아닐 것이다. 그래서 어찌 보면 인생은 '산 넘어 산'인 셈이다. 그런데 우리는 산 정상에 오를 수도 있지만, 때에 따라서는 산 중턱에서 주저앉을 수도 있다. 그렇다고 실패한 인생일까? 아니다. 인생은 성공했으면 성공한 대로, 실패했으면 실패한 대로, 최선을 다해 살았다면 그 자체로 아름다운 것이기 때문이다."

"물론 산 정상에 올라 바라보는 풍경도 좋지만, 산 중턱에서 쉬면서 바라보는 산의 속살은 더 아름다울 때가 많다. 그러니 가다가 힘들면 잠시 쉬었다가 가고, 고통스러우면 그냥 내려가면 된다. 우리 모두가 산 정상에 오를 필요는 없다. 산 정상에 올랐다 해도 그곳에서 잠시 머물다 반드시 내려 와야하는 것이다."

"산 아래에도 나를 사랑해주는 가족과 친지는 언제나 나를 기다리고 있다는 것을 생각하도록 하라. 그들과 함께 가면 된다. 그러면 힘도 덜 든다. 이래도 내 인생, 저래도 내 인생인데, 그 저 행복하게만 살면 되는 것이란다. 그러니 내 인생의 적은 바로 나라는 것만 잊지 않으면 된다."

내 말을 듣는 외손자의 얼굴이 처음보다 한결 밝아 보였다.

일곱.
이웃을 배려할 줄 아는 손자

 오월은 가정의 달이다. 이달에는 어린이날부터 어버이날, 부부의 날 등 가정의 소중함을 일깨워주는 날들이 많이 들어있다. 어느 가정이고 가정의 달을 소중하게 생각하지 않는 가정이 있겠는가. 우리 집도 예외가 아니다. 특히 우리 집은 막내 손자의 유쾌한 언행으로 연일 기쁨 두 배의 시간을 보내는 편이다.

 며칠 전 일이다. 고3짜리 손녀가 중간시험 준비로 잠도 제대로 못자고 공부에 열중하는 것을 보고 손자가 매우 안쓰러운 듯 한마디 던진다. "누나, 속담에 고진감래(苦盡甘來)라는 게 있지? 지금 고생하면 나중에 좋은 대학 들어갈 거야. 그러니 열심히 해봐"라고 한다.

 내가 물었다. "윤준 아. 너 고진감래가 무슨 뜻인지 알고나 쓰는 거니?" 녀석은 당당하게 말한다. "아이, 할아버지도 내가 왜 그걸 몰라요. 고생 끝에 낙이라는 것 아닌가요? 또 어디서 배웠느냐고 물으실 거죠? 사자성어 책에 나와 있어요."

그렇구나. 녀석은 내가 다음에 무얼 물어볼 것인지 이미 알고 있었구나, 눈치 하나 빠른 녀석이었다. 내가 이어서 물어봤다.

"너, 지난번에 누나보고 '아주대'에 가라고 하지 않았니? 그런데 왜 그렇게 공부를 열심히 하라고 하니?"

"아, 그거요? '아주대'는 '아주 좋은 대학'에 가라는 뜻이었어요."

녀석이 갑자기 목소리를 낮춘다.

"할아버지, 이건 비밀인데요. 사실은 교회에서 기도할 때 누나가 서울에 있는 최고대학에 가게 해 달라고 기도하곤 해요. 저 잘하는 거 맞지요?"

"그랬구나. 착하구나."

"누나가 가족인데 난들 왜 누나가 좋은 대학에 가길 안 바라겠어요."

요즘 손자가 우리 집에서 자는 일이 부쩍 늘었다. 평일엔 다음날 학교에 가야 하니까 대개 금요일 저녁이나 토요일 저녁이면 으레 제집에 안 가고 할머니와 자겠다고 한다. 이번 주도 토요일이 어린이날인데 학교가 금요일부터 쉰다고 하면서 목요일 밤을 우리 집에서 자겠다고 한다. 그리고는 금요일엔 할아버지와 놀러가잔다. 며느리한테 전화로 아이의 생각에 대해 어떻게 했으면 좋으냐고 물어보니 '얼씨구나' 하고 좋아한다. 저희들 내외가 아이들로부터 잠시 해방되는 느낌인가 보다.

저녁식사 시간이 되었다. 나는 손자와 식탁에 마주 앉아 식사기도를 하고 밥을 먹자고 했더니 녀석이 할머니한테 한마디 건넨다.

"할머니, 저녁 준비하시느라 고생하셨어요. 잘 먹겠습니다."

그건 늘 하는 인사치레인데, 그다음 말이 우리 내외를 더 기분 좋게 한다.

"할머니, 나는 이 세상에서 할머니가 만들어 주는 음식이 제일 맛있더라. 할머니 오래 사세요."

할머니가 정색하고 묻는다.

"윤준아, 고맙다. 그런데 왜 할머니가 오래 살아야 하는데?"

손자의 대답이 솔직하다.

"응, 그건 할머니가 오래 살아야 내가 맛있는 음식을 오래 먹을 수 있잖아."

할머니는 손자가 기특한지 이야기를 이어간다.

"할머니가 오래 살아야 할 이유가 겨우 그것뿐이더냐?"

"아니, 내가 크면 돈 벌어서 할머니 모시고 외국 여행 가려고 그래."

"어디로 갈 건데?"

"응, 할머니가 가보고 싶은 곳, 그게 어디든 다 좋아. 난 할머니가 가보고 싶다면 달나라도 갈 거야."

내가 대화에 끼어들었다.

"그럼, 이 할아버지는 어떻게 되는 거냐? 나는 빼는 거냐?"

"아이, 할아버지도, 그럴 리가 있나요. 할아버지는 자동으로 같이 가는 거지요."

우리 내외는 잘난 손자 덕에 달나라 여행을 다녀올지도 모르겠다. 우리는 이구동성으로 오래 살아야겠다고 말하면서 한바탕 웃었다.

엊그제 저녁때였다. 태권도장에서 돌아온 손자가 현관문에 들어서자마자 큰 소리로 나를 부른다. 무슨 일인가 하여 컴퓨터를 보다가 얼른 뛰어나가서 무슨 일이냐고 물었다. 녀석은 어깨를 활짝 편 채 자랑스러운 눈빛으로 나를 쳐다보면서 큰 소리로 말한다.

"할아버지. 나. 오늘 또 수학 백점 받았다"

"그랬느냐? 수고했구나. 어서 안으로 들어오거라. 할머니가 밥을 맛있게 지어놓고 기다리신다."

그런데 녀석은 소파에 앉자마자 이렇게 말한다.

"그래서 말인데, 할아버지, 나, 이번 어린이날엔 선물 안 받아도 돼요."

"그게 무슨 소리냐? 정말 샌들 안 사줘도 되겠니?"

"그럼요, 이미 수학 백 점 맞은걸로 선물을 받은 셈이니까요."

그런데 나는 아무리 해도 이해가 안 되었다. 그래서 물어봤다.

"수학 과목 백 점을 맞은 것이 어린이날 선물이라니 그게 도대체 무슨 뜻이냐?"

"아, 그거요. 내가 시험을 잘 본 것은 할아버지가 그만큼 공부를 잘 가르쳐줘서 그런 거잖아요. 그러니까 할아버지가 내게 선물한 것이나 마찬가지거든요. 이제 아셨어요?"

"그런 것이로구나. 원, 녀석도, 네 생각이 엉뚱한 거니. 아니면 기발한 거니."

"할아버지, 기발한 게 뭐야?"

"응, 그건 뛰어난 것이라는 말이다."

"아, 그런 뜻이예요? 하기야 내 생각이 뛰어나긴 하죠. 그런데 할아버지, 정 서운하시면 양말이나 한 두 켤레 사다 주세요."

"그래, 알겠다."

마침 교회에서 어제부터 여전도회 주최로 바자회가 열리고 있어 아내와 같이 손자를 데리고 교회로 갔다. 점심때가 되어 출출하기에 권사님들이 음식물을 판매하고 있는 곳으로 먼저 갔다. 녀석은 먹는 데는 그냥 지나치더니 아이들 여름옷 판매하는 곳으로 가잔다. 옷 파는 코너에 갔더니 반소매 티셔츠를 하나 골라서 이것을 어린이날 선물로 사달란다.

그때 그곳에서 옷을 팔고 있던 장로님 한 분이 다가오더니 녀석에게 한 벌 더 고르라고 한다. 자기가 페이스북에서 유명한(?) 윤준이에게 어린이날 선물로 사준다고 했다.

　그 분께 고맙다는 인사를 하고 다른 코너로 가는데 권사님 두 분이 녀석에게 어린이날 맛있는 것 사 먹으라면서 용돈을 쥐어준다. 녀석은 처음엔 사양하다가 내가 받아도 된다고 하니까 두 손으로 받아 얼른 주머니에 넣는데 무척 즐거운 눈치다.

　"윤준아, 바자회에 잘 나왔지?"

　"그런데 할아버지, 여기 있는 물건들은 팔아서 어려운 사람들을 돕는 것 아닌가요?"

　"그렇단다. 그래서 많은 성도님들이 물품을 기증했단다. 또 여기 나온 물건들은 값도 싼 데다 어려운 이웃을 돕는 일이라고 하니까 이렇게 성황을 이루는 거란다."

　"그럼 나도 아까 권사님이 주신 돈을 이웃을 돕는 데 쓰라고 내놓래요."

　"아니다. 그건 네가 사고 싶은 장난감이나 사거라. 이미 할아버지와 할머니가 성금을 냈단다. 엄마 아빠도 냈을 거다."

　녀석은 알았다고 하고는 이제 점심 먹으러 가잔다. 오늘 녀석과 같이 먹는 점심은 꿀맛일 것 같다.

여덟.
'장태공' 탄생

　올가을 단풍은 유난히 아름답다. 가을철로 접어들면서 지나간 태풍 두 개가 단비를 적당히 뿌렸기 때문일 것이다. 다행히 북녘에서 해마다 이맘때면 몰려오던 미세먼지도 뜸해서 그런지 날씨는 '쾌청'의 연속이었다. 그러다 보니 시장경기가 어렵다 해도 주말이면 관광지마다 단풍관광객들로 붐빈다는 소식이다. 얼마나 다행스러운 일인지 모르겠다.

　지난 9월 초순경이었다. 초등학교 3학년짜리 막내 손자가 서재로 들어오더니 아주 조심스럽게 말을 걸어왔다. 소원이 하나 있는데 들어줄 수 있느냐는 것이다. 무슨 소원이기에 저리도 우물쭈물할까 하고 다음 말이 나오기를 기다렸다. 그 소원이라는 것이 이번 가을에 낚시 한 번 같이 가자는 것이었다. 녀석은 말을 해놓고 내 입에서 어떤 대답이 나올지 몰라 안절부절이다. 내가 거절할 것 같아서 그런지 지레 겁을 먹은 것 같았다.

나는 녀석에게 '그렇게 하자'하고 시원스럽게 대답해줬다. 내 대답이 떨어지기가 무섭게 좋아서 어쩔 줄을 몰라 하더니 냅다 거실로 뛰어나가 제 할머니에게 큰소리로 알렸다.

"할아버지가 나하고 낚시 가신다고 하셨다~."

그 말을 들은 할머니가 "그래, 소원 풀게 되었으니 참 잘 됐다."면서 "그런데 네가 처음인데 낚시를 잘 할 수 있겠니?"하고 물었다. 그러자 녀석은 대뜸 "잘 할 수 있어요. 아빠가 그러는데, 아빠도 내 나이 때 할아버지가 낚시를 여러번 데리고 다녔다고 했어요."라고 힘주어 말한다. 아마 제 아빠가 예전에 나하고 낚시 갔던 추억을 말해 준 모양이다.

손자는 곧바로 다시 서재로 들어오더니 '언제 갈 것이냐'고 묻는다. 확답을 받아놓겠다는 작전인 것 같았다. 달력을 보니 주일을 빼고는 가까운 공휴일이 한글날인 10월 9일뿐이었다. 그래서 그날로 약속했다. 그리고는 거의 한 달을 잊고 지냈다. 손자는 그날이 오기를 학수고대했나 보다. 한글날 하루 전날 저녁에 오더니 낚시 여행을 떠날 준비가 다 돼 있느냐고 물었다.

나는 부랴부랴 컴퓨터를 켜고 서울에서 가까운 경기도 용인 쪽의 적당한 민물 낚시터를 찾아봤다. 오래전에 아들을 데리고 다녔던 W 낚시터가 눈에 들어왔다. 전화를 걸어 입어료와 낚싯대 등 어구를 대여하는데 드는 비용 등을 확인하고 다음 날 가겠다고 예약했다. 그동안 입어료만 올랐지 용품 대여료 등은 달라진 게 거의 없었다. 한 가지 흠은 저수지 부근에 있던 식당이 장사가 잘 안돼 오래전에 문을 닫아 밥을 사 먹을 수 없다는 것이었다.

지금 생각하니 젊어서 '낚시에 미쳤다'는 소리를 들을 때는 집에 낚싯대가 보통 5대 정도는 항상 있었다. 또 외국으로 출장이라도 갈라치면 제일 먼저 낚싯대 상점부터 찾아갈 정도였다. 그래서 '낚시광'이란 소리를 들었던 때도 있었다.

하지만 그 뒤로 테니스에서 등산으로, 다시 골프로 취미생활이 바뀌더니 이젠 그런 것들도 모두 접고, 아내와 공원 숲길이나 걷는 처지가 됐다. 이게 '인생무상'인가한다.

손자와 약속한 날 아침이 됐다. 녀석은 아침 일찍 나들이옷 차림으로 찾아왔다. 우리 집에서 출발할 때 보니 날씨는 전형적인 가을 날씨였다. 차가 영동고속도로로 접어들면서 밖을 보니 산야가 온통 붉은 옷으로 갈아입고 있었다. 차창을 열고 밖의 공기를 마시니 막혔던 속이 확 뚫리는 것 같았다.

양지IC에서 빠져나와 원삼 쪽으로 들어서자 손자가 혼잣말처럼 "공기가 달다"고 말한다. 내가 물었다.

"윤준아, 이 냄새가 퇴비 썩는 냄새인데 달다고?"

"할아버지, 난 이런 시골 냄새가 참 좋아요."

"그렇구나, 그럼 할아버지가 여기로 이사 오면 너는 주말마다 찾아와서 퇴비 냄새를 맡으면서 좋아하는 낚시를 하면 되겠구나."

"그것참 좋은 생각인데요. 할아버지 건강도 좋아지고, 오래 사시고. 그럼 그렇게 하시지요."

"그런데 그건 아무리 생각해 봐도 안 되겠다. 네가 매일 보고 싶은데 일주일씩이나 못 본다고? 그건 안 되지."

"아이, 할아버지도. 제가 매일 화상통화 할게요. 그러면 되겠지요?"

"그렇다면 한 번 연구해 보자"

내가 다시 물었다.

"그런데 너, 오늘이 무슨 날 인지는 아느냐?"

"알아요. 세종대왕님이 한글을 만들어 반포한 날이지요. 할아버지가 세계에서 가장 우수하다는 한글에 대해 좀 더 알려주세요. 할아버지는 작가잖아요."

"그래, 지금부터 잘 들어두어라. 올해는 한글을 만든 지 575돌이고, 반포된 지는 572돌이란다. '한글'을 왜 '훈민정음'이라고 하는지 아느냐? 그건 '백성을 가르치는 바른 소리'라는 뜻이란다."

"그런데 왜 '언문'이라고도 해요?"

"'훈민정음'이란 말은 특별한 경우에만 그렇게 불렀고, 보통은 '언문'이라고 불렀지. 언문은 '우리말을 적는 문자'라 는 뜻이란다. 처음엔 자음 17자, 모음 11자, 해서 모두 28자였으나 세월이 흐르면서 수정되어 24자가 되었지. 하지만 응용하는 자 수 까지 합치면 40자나 된단다."

이야기는 계속 꼬리를 물었다.

"한글은 흔히들 세종이 집현전 학자들을 시켜 만들었다고 생각하는데 그게 아니다. 한글은 처음부터 끝까지 세종대왕 혼자서 만드셨는데, 서기 1446년 음력 9월에 반포했다고 한다. 이런 사실은 1940년 경북 안동에서 반포할 당시 펴낸 훈민정음 '해례본'을 찾아내어 알게 됐단다. 이 책은 국보 제70호로 지난 1978년엔 유네스코 세계기록 유산으로 등재되기도 했단다."

"해례본이 무슨 뜻이예요?"

"응, 그건 훈민정음을 한문으로 해설한 책이라는 뜻이란다. 훈민정음 '언해본'이라는 것도 있다. 그건 '해례본' 가운데 세종이 직접 지은 서문과 예의 부분만을 새로 만든 글자로 번역하고 풀어서 펴낸 것을 말한다."

"할아버지 낚시터에 다 왔나 봐요."

"그렇구나."

차를 주차하고 낚시점으로 들어가서 예약한 대로 낚싯대 두 대와 뜰채, 어망 등을 빌려가지고 좌대를 찾아 자리를 잡았다. 먼저 와서 고기를 잡고 있던 분들에게 인사하니 반갑게 맞는다. 어린이가 함께 좌대에 앉으니 그분들이 찾아와 마실 것도 주면서 낚시도구들을 알맞게 설치해 주었다.

한참을 앉아있는데 옆 좌대에서 "드디어 월척이다!" 하면서 정말 팔뚝 만한 붕어를 낚아 올린다. 하지만 나와 손자의 낚싯대는 던져 놓은 지가 두어 시간이 지났는데도 입질조차 없다. 나는 괜히 초조했다. 그런데 손자는 태연했다. 내가 물었다

"지루하지 않니?"

"아니요. 강태공처럼 세월이나 낚아야지요."한다.

"뭐, 세월을 낚는다고?"

"만화에 다 나오는 말이예요."

우리는 잠시 할머니가 정성 들여 싸준 도시락을 먹기 시작했다. 내가 녀석에게 물었다.

"윤준아, 너 아까 그 명언의 뜻이나 알고 쓴 거냐?"

"그럼요. 강태공을 두고 한 말이지요. 그는 중국 주나라 무왕을 도와 은나라를 멸망시키는데 큰 공을 세운 정치가 아닌가요? 나중에는 제나라의 시조가 됐죠."

"허, 그 녀석 내 손자지만 정말 똑똑하구나."

"그런데 강태공은 성이 강(姜) 씨이고, 이름은 상(尙) 또는 망(望)이라 한 것도 아느냐?"

"알아요. 그는 시대의 흐름을 잘 읽고는 벼슬할 때를 기다릴 줄 알았던 인물이라고 만화책에 나왔어요. 그때 바닷가에서 낚시하면

서 때를 기다렸는데, 그런 모습을 보고 '세월을 낚는다.'고 했다면서요?"

"네 말이 모두 맞다."

"할아버지, 예전에 일요일이면 할머니를 집에 혼자 계시게 하고 친구들과 낚시만 하러 다니셨다면서요?"

"그랬지, 그 때 할머니를 소위 '일요 과부'로 만든 셈이지."

"일요 과부? 그게 뭔데요?"

"응, 일요일만 되면 할머니 혼자 있어야 하니 남편이 없는 과부 신세라는 뜻이란다."

"할아버지가 잘못하셨네요. 뭐."

그때였다. 이웃 낚시꾼이 다급한 목소리로 "어르신 얼른 당기세요!" 한다. 그 말과 동시에 낚아챘더니 손맛이 묵직했다. 올려보니 거의 월척에 가까운 씨알 좋은 참붕어였다. 뜰채로 잽싸게 떠서 바구니에 넣었다. 그때 손자가 물끄러미 바라보다가 한마디 했다.

"할아버지, 그 붕어 눈먼 고기 아닌가요?"

옆 좌대의 낚시꾼들이 박장대소한다. 그러면서 녀석을 경이로운 눈빛으로 바라본다.

"놀라지 마세요. 만화책에서 읽었어요."

손자의 너스레가 대단하다.

잠시 뒤 손자가 거짓말 보태서 팔목만한 붕어 한 마리와 연속으로 손바닥만 한 새끼붕어 한 마리를 더 잡았다. 녀석의 환호소리가 저수지 주변을 크게 울린다. 내가 '고기들이 다 달아나 다른 꾼들이 고기를 못잡겠다.'고 항의하면 어떻게 하려고 그리 큰 소리로 떠드느냐면서 조용히 하라고 일렀다.

어느새 해가 서산으로 넘어가고 있었다. 나는 어둡기 전에 집에 가려고 서둘러 낚싯대를 거두었다. 그때 손자가 한마디 한다.

"오늘은 수산시장에 안 들려도 되겠군!"

나는 깜짝 놀라서 '그게 무슨 소리냐'고 물었다.

"아침에 집에서 할머니가 그러시는데, 할아버지가 아빠와 낚시를 갔다가 한 마리도 못 잡으니까 남대문 시장에 가서 붕어를 사 왔다고 했어요. 다행히 오늘은 세 마리나 잡았으니 수산시장에 갈 필요가 없다는 말이지요."

"하하하~ 그것이었구나. 맞는 말이다."

"하지만 그때 할아버지는 바로 할머니에게 '잡은 게 아니고 사온 붕어'라고 실토했단다. 너, 왜 낚시꾼을 영어로 'fish story'라고 하는지 아니? 허풍을 잘 떨어서 그렇게 부른다고 한단다."

내가 다시 물었다.

"윤준아, 오늘 낚시 여행에서 무얼 배웠냐?"

"뭘 배웠냐고?"

"그래"

"두 가지를 배웠어요. 하나는 저 물속에 얼마나 큰 붕어가 살고 있을까? 하는 '기대감' 이고, 두 번째는 안 잡혀도 '기다릴 줄 아는 것'이었어요"

"그랬구나, 너는 '강태공'이 아니라 '장태공'이구나. 아주 좋은 교훈을 얻은 셈이다. 잊지 말고 마음에 새겨둬라."

"그런데 할아버지, 언제 또 와요?"

"허허~ 이 녀석이 진짜 '장태공'이 되려느냐? 올해는 말고 내년 봄에 오자"

"네, 알았어요."

대답을 하자마자 녀석은 뒷좌석에 누워서 금방 코를 골았다. 꽤나 고단했던가 보다.

아홉.
1009번째 도전 끝에 성공한 할아버지

손자가 닭고기를 무척 좋아한다. 그것도 구운 닭고기만을 좋아한다. 그래서 늘 나는 한 주일에 한 번은 후라이드치킨 집을 들른다. 오늘도 시내에 나갔다가 켄터키 후라이드치킨집 앞을 지나는 길에 손자 생각이 나서 한 상자 사러 들어갔다. 상점을 나오면서 오늘은 녀석에게 이 닭고기 집의 성공 비화를 들려주어야겠다고 생각했다.

저녁에 녀석이 학원에서 돌아왔기에 치킨을 내놨더니 환호성을 지른다. 녀석이 치킨을 먹는 동안 켄터키 치킨이 성공하게 된 과정을 들려주었다.

"윤준아, 너 켄터키 후라이드치킨 상점 앞에 턱수염이 잔뜩 난 할아버지가 누군지 아니?"

"그 할아버지요? 알아요."

"그분이 누군데?"

"치킨 집을 처음 낸 미국 할아버지 아니예요?"

"그래 맞았다. 그런데 너 그 할아버지가 성공하게 된 과정을 아니?"

"잘 몰라요. 할아버지가 들려주세요."

"그래, 그럼 잘 들어라"

"그 할아버지는 원래 가난했단다. 5살 때 아버지가 돌아가셨거든, 그래서 그 어린 나이에 일하는 엄마를 도와 요리를 해야 했단다. 7학년 때 학교를 중퇴했지. 그건 어머니가 재혼했는데 의붓아버지가 마구 때려서 집을 뛰쳐나왔기 때문이란다. 그 뒤로 그는 농부, 보험외판원, 군인 등 닥치는 대로 일을 했단다. 40살이 되던 해에 켄터키 주(州) 코빈이라는 마을에 있는 주유소에서 일하면서 주유소 주인의 허락을 받아 손님들에게 닭요리를 만들어 팔기 시작했단다."

"할아버지, 그런데 아까 7학년이라고 하셨는데 틀린 것 아니예요?"

"아니다. 미국은 초등학교가 당시 8학년까지 있었단다."

"주유소에서 손님들 사이에 평판이 좋아지자 인근의 큰 모텔에서 그를 식당 요리사로 채용했지. 그는 그곳에서 10여 년간 닭고기 조리법을 연구했고, 닭을 신속하게 조리할 수 있는 튀김 기계도 만들었다. 그는 60세쯤 되어 벌어놓은 돈으로 그럴듯한 레스토랑을 개업하게 되었다. 그러나 그것도 잠시, 주 정부가 그 레스토랑 앞으로 고속도로를 냈지 뭐니, 그 바람에 영업을 접어야 했고, 설상가상으로 불이 나서 파산했다고 한다."

"그의 나이 65세 때였단다. 그의 손에 남은 것은 겨우 주 정부로부터 받은 100달러와 고물 트럭 한 대가 전부였다."

"파산이 뭐예요."

"쉬운 말로 완전히 망했다는 말이다."

"황당했겠어요."

"그럼, 그래도 그 할아버지는 용기를 잃지 않고 헌 트럭에 압력솥을 싣고 다니면서 그동안 쌓아온 노하우로 닭고기를 구워 팔기 시작했단다. 그는 미국 전역을 돌아다니며 자신의 독특한 조리법을 팔러 다녔다. 하지만 허름한 이 노인에게서 로열티를 주고 조리법을 사려는 사람은 하나도 없었지. 그는 그래도 실패하면 다시 연구하면서 로열티를 팔러 다녔다. 그러나 무려 1008번째까지 문전박대를 받았다고 한다. 1009번째 도전한 끝에 드디어 그의 조리법을 사겠다는 사람이 나타났단다. 그 도전의 주인공이 바로 오늘 네가 먹고 있는 이 닭고기 조리법을 만들어낸 사람이란다."

"그 할아버지 이름이 뭐예요?"

"그의 이름은 켄터키 후라이드치킨의 창업자 샌더스 씨였다. 영어로는 KFC(Kentucky Fried Chicken)라고 하지, 왜 그 매장에 가면 정문 앞에 하얀 양복을 입고, 흰 수염을 달고 환하게 웃고 있는 할아버지가 있지? 그 분이 샌더스((Sanders) 할아버지란다."

"아, 그 할아버지? 그 분이 만든 치킨이군요."

"그렇단다. 참 대단한 할아버지 아니니?"

"그가 65세라는 늦은 나이에도 1009번째까지 도전을 하게 된 힘이 넌 어디서 나왔다고 생각하니?"

"글쎄요, 고생을 많이 해서 그런 건 아닐까요?"

"네 말이 맞았다. 수많은 역경을 견뎌냈기 때문이란다. 만일 그의 삶이 평탄했더라면 결코 그렇게까지 도전할 생각을 못했을 것이다. 그래서 세상은 공짜가 없는가 보다. 성공한 사람들은 그만큼 땀과 눈물을 흘렸다고 본다."

"너도 지금은 공부가 힘들어도 열심히 하면 나중에 반드시 뛰어난 로봇 만드는 사람이 될 수 있을 것이다."

"네, 알겠습니다."

"그런데, 할아버지, 역경이 뭐예요?"

"응, 어려운 일 또는 힘든 일이지"

녀석은 샌더스 할아버지의 이야기를 듣는 동안 닭고기를 더 맛있게 들고 있는 것 같았다.

할배와 손자의
우문현답

초판 인쇄   2023년 8월 30일
초판 발행   2023년 9월 05일

지은이   장석영
발행인   임수홍
편 집   맹신형
디자인   윤경숙

발행처   한국문학신문
주 소   서울 강동구 양재대로 114길 32 2층
전 화   02-476-2757~8   **FAX** 02-475-2759
카 페   http://cafe.daum.net/lsh19577
E-mail   kbmh11@hanmail.net
작가 E-mail asanchang@naver.com

값   15,000원
ISBN   979-11-90703-76-5

· 저자와의 협약에 의해 인지는 생략합니다.
· 이 책의 글은 저작권법에 따라 보호를 받는 저작물이므로 저자와 출판사의 동의 없이는 무단 전재 및 무단 복제를 금합니다.

· 잘못된 책은 바꾸어드립니다.